GUÍA DE SUPERVIVENCIA EMPÁTICA Y ENEAGRAMA DE PERSONALIDAD

Plan Paso A Paso Para Encontrar Su Camino Para El Crecimiento Espiritual En Tan Sólo 7 Días

EMPÁTICO LA GUÍA DE SUPERVIVENCIA PARA LAS PERSONAS ALTAMENTE SENSIBLES

Protéjase A Sí Mismo De Los Narcisistas Y De Relaciones Tóxicas. Descubra Cómo Dejar De Absorber El Dolor De Otras Personas

Tabla de Contenidos

Introducción 6

Capítulo Uno - ¿Es una persona empática? 10

¿Qué es un empático? 10
10 señales de Empatía 11
Empático, introvertido y sensible: ¿Cuál es la diferencia? 14
8 conceptos erróneos sobre los empáticos 16

Capítulo Dos - Entendiendo el don de la empatía 19

La ciencia detrás de la empatía y la empatía 20

Capítulo Tres - La realidad de la empatía 34

5 malos hábitos que los empáticos deben dejar ir 37
Los 5 Problemas Comunes de Salud de los Empáticos 38

Capítulo Cuatro - La empatía lesionada 42

¿Qué es la fatiga por compasión? 44
Señales de empatía lesionada 47
Ten cuidado: El Complejo de la Víctima 49
La verdad sobre la empatía y la adicción 51

Capítulo Cinco - Los Peligros de Ser Empático 54

Por qué los narcisistas se sienten atraídos por los empáticos 57
Por qué se atraen la empatía hacia los narcisistas 59
Señales de Empatía con un Vampiro Emocional 60

Capítulo Seis - Sanando el Corazón de Empatía 65

5 actividades de sanación para que los empáticos se relajen 66
Técnicas poderosas para la curación y la autoprotección 71
Afirmaciones positivas que todos los empáticos deben saber 73

Capítulo Siete - La empatía sana y feliz 75

Las 5 poderosas lecciones que todo empático debe aprender 75
Prácticas diarias de una empatía sana 77

Deja de sentir empatía por el dolor y comienza a sentir empatía con alegría........ 80

Capítulo Ocho - La empatía como superpotencia........ 84

Los 7 dones naturales que poseen todos los empáticos........ 84
Los mejores trabajos para empáticos........ 86

Conclusión........ 93

Introducción

Hay un tipo único de individuos que están dotados con la habilidad de no sólo experimentar sus emociones y las de las personas que los rodean; también pueden experimentar el dolor físico de otras personas. Estas personas entran en una habitación, y en cuestión de minutos pueden captar con precisión las vibraciones de las personas que se encuentran en la habitación. Esto puede sonar como una superpotencia genial que pertenece al conjunto de X-Men, pero en realidad, es algo que puede ser muy difícil de manejar y no muchas personas están emocional y mentalmente preparadas para manejar estos dones. Puedes identificar a estas personas como personas que son demasiado sensibles. Los expertos en psicología los perfilan como empáticos y su historia no siempre es una de esas de los que se quedan felices para siempre.

Durante mucho tiempo, las emociones han sido desaprobadas como una debilidad y mostrarlas fue descrito como un rasgo femenino en el mejor de los casos. En el peor de los casos, las personas que mostraron sus emociones demasiadas veces fueron consideradas como personas que no tienen control sobre cómo se sienten. Términos despectivos como "impredecible", "cáscaras de huevo andantes", "bebé llorón" y tantos otros nombres que no se pueden imprimir se utilizan para etiquetar a las personas que se atreven a mostrar sus emociones. La percepción negativa general sobre las emociones se ha entretejido en la base misma de la sociedad que es la familia. Hay muchas familias hoy en día que hacen cumplir medidas estrictas para disuadir cualquier manifestación de emociones en el hogar. Esta necesidad de cerrar un aspecto crucial de uno mismo ha llevado a muchos a sufrir silenciosamente durante una parte mejor de sus vidas. Para un empático, viven con el doble trauma de lidiar con sus propias emociones, así como con el dolor de los demás. Esto los deja constantemente abrumados emocionalmente. Si escogiste este libro, lo más probable es que seas empático o que conozcas a un empático que lucha con su carga emocional.

Pero ¿qué tal si te dijera que esas mismas emociones que sientes te incapacitan y tu habilidad para prosperar puede ser canalizada para hacerte una mejor versión de ti mismo y al hacerlo, puedes enriquecer tu vida? Suena demasiado bueno para ser verdad, ¿verdad? Bueno, aquí hay una verdad que muchos de nosotros escuchamos pero que no creemos porque han sido arrojados en la misma categoría que los clichés de la vida ineficaces que la gente nos cuenta. Tus emociones son cualquier cosa menos débil. De hecho, son descritas como una de las fuerzas más poderosas que poseen los seres humanos y, puedo decirles que apagar sus emociones no les va a hacer ningún bien. La única manera de avanzar es abrazar esos sentimientos eligiendo aceptar tus habilidades como una empatía.

Ser empático va más allá de entender tus emociones. Como empático, abrazas las emociones de los demás. La riqueza de comprensión que adquieres en este proceso te regala una perspectiva única del mundo y de las personas con las que te encuentras diariamente. Esto ayuda mucho a fomentar relaciones que son más significativas e impactantes. Lo más importante es que, como empático, desarrollas una conexión más profunda contigo mismo lo cual te da poder para entender el dolor. Esta no es una moda de psicología de la nueva era que esté de moda en este momento. Este eres tú recuperando el poder de la gente que ha etiquetado la forma en que realmente te sientes tan débil y evolucionando hacia el "verdadero tú" que estás destinado a ser.

Con este libro, finalmente puedes quitarte la máscara que la sociedad te ha obligado a llevar y afrontar tu realidad. Como empático que tuvo que navegar el proceso de mi "devenir" sin un guía, sé lo difícil que es encontrarle sentido a lo que sientes. Pasé muchas horas buscando en Internet información sobre estos arcos iris de emociones que experimento todos los días. He estado cerca de varias averías, no porque haya tenido muchas malas experiencias o porque estuviera asumiendo una carga de trabajo mayor de la que normalmente tendría. Estaba constantemente abrumada por lo que sentía. La gente venía a mí con sus problemas porque yo tenía la habilidad de ser un gran oyente y podía conectarme con ellos de maneras que les reconfortaban. Sin embargo, también terminé teniendo que lidiar con las consecuencias emocionales de sus problemas. Busqué asesoramiento y por un tiempo, eso me ayudó. Pero, aun así, busqué la validación de las personas con las que trato día a día. No quería desmoronarme emocionalmente frente a ellos para poder seguir siendo su consejero.

Esto significaba que tenía que actuar como si tuviera mi vida en orden el 100% del tiempo, incluso si en realidad, sentía que apenas podía evitar que las costuras se rompieran. En términos muy sucintos, yo era un desastre. Por esta razón, te comparto mi historia para que puedas aprender a lidiar y a aprovechar el ser una persona empática. Podrás:

- Dar sentido a las emociones que estaba sintiendo
- Encontrar la fuerza para abrazar estas partes aparentemente caóticas de mí mismo
- Aprender a manejar mejor mis emociones
- Desbloquear mi naturaleza intuitiva natural y prestar más atención a mis instintos
- Ser mejor en el manejo de mis relaciones con la gente

Tal vez estés leyendo mi historia y sientas que te estás mirando en el espejo de tu propia vida. Te aseguro que, si yo puedo encontrar el camino de regreso, tú también puedes. Sin embargo, hay una advertencia. Vivir como una persona empática requiere que seas deliberado sobre tus decisiones. Cualquier cosa menos podría enviarte en una espiral descendente a un lugar oscuro del que no mucha gente se recupera. Antes de pasar al siguiente capítulo, quiero que te tomes un momento y decidas aquí mismo, ahora mismo, que vas a ser más deliberado sobre las decisiones que tomes en el futuro.

Dicho esto, la información que recibirás en este libro son pasos prácticos que puedes tomar diariamente para ayudarte a manejar mejor tus emociones mientras navegas por las turbias aguas emocionales de otras personas. Al final de este libro, serás capaz de pararse en una azotea y declarar con orgullo que sabe quién eres. Ese conocimiento es poderoso y muy edificante. Así que, para comenzar el siguiente capítulo de tu vida, pasa a la siguiente página. Las cosas se van a poner emocionantes.

Capítulo Uno - ¿Es una persona empática?

Yo era un adolescente cuando tuve mi primer encuentro con la palabra "empático". Era de una serie de televisión que era popular en ese momento. En esta serie, el empático fue retratado como alguien dotado de poderes divinos y la habilidad de sentir todo lo que la gente a su alrededor sentía. Este empático podía sentir el olor, alegría, enojo e incluso miedos de las personas que lo rodeaban. En este mundo ficticio, los poderes de la empatía eran transferibles, pero si alguien que no fuera un verdadero empático intentaba tomar estos poderes, se veía aplastado por el peso de las emociones. Esta interpretación de una empatía es ciertamente fascinante, pero también muy extrema.

Los amantes de la ciencia ficción comparten una visión similar con los creadores de esta serie de fantasía. Culturalmente, se cree que los empáticos son humanos que poseen esta habilidad paranormal para sentir con precisión el estado emocional de los demás. Un empático popular en la tendencia actual de la ciencia ficción sería Mantis de la película *Guardianes de la galaxia*. Una vez más, todo esto es muy guay, pero la realidad nos cuenta una historia diferente.

¿Qué es un empático?

Un empático es simplemente una persona con una mayor conciencia de las emociones que le rodean. Más allá de esta conciencia, los empáticos tienden a mostrar mucha empatía hacia otras personas, tanto que pueden experimentar las emociones de los demás como si fueran las suyas Los empáticos no sólo observan a las personas; tienen la habilidad innata de experimentarlas desde adentro. El término "habilidad" se utiliza aquí de forma imprecisa. No connota la existencia de rasgos sobrenaturales, sino que se dirige a un rasgo de personalidad que los define de manera única.

En psicología, los empáticos se describen como personas que tienen una gran cantidad de empatía por los demás. Dado todo lo que he explicado hasta ahora, puede parecer un poco decepcionante ver la definición con tanta sencillez. Los empáticos son poderosamente únicos porque pueden sentir emociones que las personas a su alrededor tratan de ocultar. Sin embargo, sin la información correcta, esta "singularidad" puede causar mucha frustración. Dicho esto, ¿cómo puedes saber si eres realmente un empático y no estás simplemente proyectando lo que esperas ser?

He compilado una lista que explora las características de la mayoría de los empáticos. Si se relaciona con seis o más de las siguientes características, es probable que sea un empático.

10 señales de Empatía

1. Los espacios superpoblados hacen que te sientas abrumado.

Cuando estás en un mar de gente, tus emociones te bañan como las olas, y, para una persona que tiene tendencia a sentirlo todo, puede dejarte abrumado. La sensación es similar a la de experimentar una sobrecarga sensorial en la que todos los sentidos se disparan en diferentes direcciones.

2. Personaliza las experiencias de los demás

Cuando un amigo viene a ti con historias que tienen un fuerte contenido emocional, no sólo escuchas y tratas de medir su estado mental actual. Te ves caminando en sus zapatos y reviviendo sus experiencias como si te hubieran pasado a ti. Al final de esa conversación, no es sólo un observador, sino un participante activo en el evento. Esto te deja tan irritado emocionalmente como la persona que compartió su experiencia contigo.

3. Te etiquetan como "emocional" o "demasiado sensible".

La forma en que la gente te describe puede dar una idea de tu personalidad. Una vez más, no es a menudo exacto, pero habla de las acciones llevadas a cabo que conducen a la percepción general de ser un ser demasiado emocional o sensible. Ahora ser emocional va más allá de la capacidad de llorar de inmediato. Se deduce que te irritas fácilmente.

4. Tratar con la gente te deja exhausto.

Hay personas que atraviesan un arco iris de emociones en cuestión de minutos y este tipo de personas pueden ser agotadoras incluso para una persona normal. Para un empático, es el doble de malo. Podría hablar con la persona de maneras de diferentes maneras y aun así agotarse. ¿Por qué? Porque puedes sentir las emociones debajo de la fachada. Los empáticos tienen un fuerte radar para los verdaderos sentimientos de alguien, y rara vez son engañados por las pretensiones.

5. La mayoría de la gente se siente comprendida por ti

Este no es muy inteligente porque realmente entiendes a la gente. Tu habilidad para ver las cosas desde su perspectiva y sentir empatía con ellas te da una conexión única. De una manera extraña pero encomiable, tienes este vínculo de "tú eres ellos" que te pone en su lugar. Por esta razón, la gente tiende a sentirse atraída por ti. Pueden sentirse vistos de maneras que normalmente no se sienten vistos. Tristemente, no mucha gente entiende los empáticos, excepto otros empáticos.

6. Eres más que nada un introvertido.

Su necesidad de tratar con personas en dosis muy limitadas lo pone al margen de los eventos sociales, pero es probable que no le importe tanto. Incluso puede que le guste. Los empáticos son más propensos a ser introvertidos porque absorber las emociones de los demás puede ser agotador, por lo que tienden a necesitar mucho tiempo a solas. Los empáticos extrovertidos existen, pero son raros.

7. Puedes intuitivamente sentir emociones

Este es un gran indicador de que eres un empático. Casi nunca te dejas engañar por los encantos y la sonrisa de una persona. Si una persona comete el error de venir a ti con mentiras, puedes detectarlo en un abrir y cerrar de ojos sin tener que hacer preguntas. No hay ninguna técnica para esto cuando se trata de ti. No está buscando ese pulso elevado, pupilas dilatadas o palmas de las manos sudorosas. Un empático lo sabe.

8. Te sientes conectado a la naturaleza

Este es otro rasgo humano general. No es definitivo, pero es muy común con los empáticos. Tu conexión con la naturaleza va más allá del amor por los árboles y el canto de los pájaros. Estas cosas te dan placer, pero también te dan una sensación de rejuvenecimiento. Algunas personas se sienten repuestas después de una buena noche de descanso, otras buscan consuelo en la comida, pero para ti, la naturaleza es lo que hace que tus jugos se levanten y fluyan.

9. Nunca se puede decir que no a una persona necesitada.

Tus experiencias con el dolor, el sufrimiento o la alegría de otras personas no terminan cuando tú "sientes" lo que ellos sienten. Te obliga a actuar. No vas a dejar a esa niña llorando en la esquina simplemente porque su mamá está allí con ella. Quieres ayudarla a sentirse mejor. Dejar caer unas monedas en la taza por ese vagabundo no va a ser suficiente para ti. Vas a casa, coges un buen par de calcetines, una manta caliente y usada con cariño y se la das. Y si ese hombre deja de venir a la zona, puede que seas uno de los primeros en darte cuenta. Debido a que a los empáticos les cuesta decir que no, muchos de ellos tienen dificultades para aceptar más de lo que pueden soportar. Quieren ayudar a todos, y esto puede hacer que se sientan agotados.

10. Puedes sentir empatía con casi todo el mundo

No se trata sólo de sentir las emociones de las personas sin hogar y de los niños que lloran. Enfrentémoslo, es fácil identificarse con la gente vulnerable de nuestra sociedad, y cualquier persona amable lo haría. Los empáticos pueden sentir empatía por todo el mundo. Si dos personas se pelean, un empático puede no estar de acuerdo con las acciones del agresor, pero aun así pueden tener empatía por ellos. Son capaces de identificar los sentimientos que causaron que la persona se comportara de esa manera y pueden identificarse con esa profunda necesidad. Una verdadera señal de empatía es cuando pueden conectarse emocionalmente con alguien de quien todos los demás se han apartado.

Antes de empezar este libro, probablemente ya sospechabas que eras un empático. Ahora que has afirmado esto, ¿cómo se siente? Recuerdo lo aliviada que me sentí al descubrir finalmente el concepto de empatía. Puede ser una experiencia liberadora identificarse finalmente con algo y saber que no estás solo.

Ahora, aclaremos algo importante. Hay algunas palabras que se usan indistintamente con la palabra "empatía". Pueden haber sido usados para describir ciertos aspectos de una empatía, pero no significan de ninguna manera que una persona que posee estas cualidades sea una empatía. Es importante hacer una distinción clara para evitar confusiones en el futuro.

Empático, introvertido y sensible: ¿Cuál es la diferencia?

Comencemos con la definición estándar del diccionario de estas palabras antes de explorarlas en profundidad. Una persona que es descrita como empática, muestra la habilidad de entender y compartir los sentimientos de otra persona. Un introvertido, por otro lado, es una persona tímida y solitaria que se siente con más energía cuando pasa tiempo consigo misma. Y finalmente, una persona sensible es alguien que reacciona rápidamente a las acciones o reacciones de otros. Como podemos ver, estos son tres rasgos diferentes con tres significados diferentes. Aunque es muy posible que un verdadero empático posea cada uno de estos tres rasgos, ninguno de estos rasgos por sí solo puede convertirte en un empático.

Hay personas que tienen la capacidad de sentir empatía por los demás. Se sienten mal por el dolor por el que está pasando otra persona, pero eso no les hace sentir empatía a todos. La empatía es un maravilloso rasgo humano que puede dar a luz a la bondad. Los empáticos, por otro lado, no sólo se sienten mal por el dolor de los demás, sino que lo personalizan y lo hacen suyo. Se necesita una disciplina hábil para que un empático llegue a un lugar donde su interpretación del dolor de los demás no los incapacite emocionalmente.

Algunos empáticos se vuelven introvertidos porque quieren esconderse de la angustia que les causan las interacciones frecuentes con las personas. Sin embargo, necesitan esas interacciones con las personas para hacer pleno uso de sus habilidades empáticas. Si continúan escondiéndose en la soledad, esa naturaleza empática puede ser enterrada y simplemente se convertirán en introvertidos. Ahora, los introvertidos se deleitan en estar solos. Más allá de la necesidad básica de la interacción humana (e incluso entonces, con personas muy limitadas), al introvertido no le agrada comprometerse con personas ajenas a aquellas con las que tiene un vínculo. Para los empáticos, esta soledad tiene la intención de proporcionar un breve alivio de la avalancha de emociones que los golpea durante las interacciones sociales.

Finalmente, ser sensible no se traduce inmediatamente en una hiperconciencia de las emociones de otras personas Las personas sensibles pueden ser muy conscientes de sus deseos y necesidades, o por lo menos, saben cuándo no están obteniendo lo que quieren y necesitan. Tienen una percepción fija de lo que sienten que es correcto o incorrecto y cuando las palabras, acciones o reacciones percibidas van en contra de esta información que tienen de sí mismos, reaccionan. Incluso cuando reaccionan a la información que afecta a los demás, ésta suele centrarse en su percepción de las experiencias de los demás. Muchos individuos arrogantes y narcisistas pueden ser descritos con precisión como sensibles, y son lo opuesto a una persona empática. ¿Alguna vez has visto a un narcisista entristecerse o enojarse porque no se sale con la suya? Exactamente. Muchos narcisistas pueden incluso llamarse a sí mismos empáticos como una forma de excusar sus emociones inapropiadas, pero nunca olviden que una verdadera empatía debe tener empatía por otras personas.

En resumen, estos pueden ser rasgos maravillosos para tener como persona y dependiendo de su tipo de personalidad, pueden servirle bien. Sin embargo, hay más en ser un empático que esto. En términos generales, el mal uso de ciertas palabras para identificar a un empático no son los únicos conceptos erróneos que existen.

8 conceptos erróneos sobre los empáticos

1. Los empáticos son débiles

Esta es sólo una de las muchas etiquetas despectivas usadas por personas que no entienden la compasión de un empático. Esta gente desprecia cualquier muestra de emoción que no sea la ira. En realidad, los empáticos pueden ser algunas de las personas más fuertes que hayas conocido. Puede ser agotador sentir tantas emociones tan fácilmente, y se necesita verdadera fuerza para levantarse de nuevo después de sentirse tan abrumado.

2. Los empáticos no pueden ser líderes

Una organización en la que no existe ninguna forma de empatía en la gestión daría lugar a un entorno tóxico en el que los trabajadores no podrían prosperar y, en última instancia, podrían abandonar sus puestos. Un líder empático no está constantemente desbordante de emociones; un líder empático puede simplemente ver a sus empleados como seres humanos, y no sólo como engranajes de sus máquinas. Los líderes que pueden empatizar con sus empleados serán más apreciados por ellos. Cuando los trabajadores de una organización se respetan mutuamente, se convierten instantáneamente en un equipo fantástico.

3. Los empáticos no pueden ser racionales

Creo que este es el mayor error de todos ellos. Un empático es alguien que ve más allá de los hechos cuando realiza sus análisis. Su capacidad para combinar los hechos con intuición les da una imagen más completa de la situación en cuestión. Un empático no está empantanado por las emociones en su toma de decisiones, simplemente tiene más información sobre la que actuar. Los empáticos pueden tardar más en tomar una decisión, ya que tienen más que considerar, pero la empatía no impide el sentido de racionalidad de alguien.

4. Los empáticos son psíquicos

Este es uno de esos mitos que desearía que no tuviéramos que disipar. Dada la precisión con la que un empático puede descifrar las emociones verdaderas y atrapar a un mentiroso, tienes que preguntarte si hay algún ángulo sobrenatural en ello. No hay nada sobrenatural en ello. Los empáticos son muy hábiles en la lectura de micro expresiones, tonos y lenguaje corporal. No captan estas emociones de la nada, las señales están ahí todo el tiempo; es sólo que la mayoría de la gente no puede leerlas.

5. Todos los empáticos son introvertidos.

El hecho es que la mayoría de los empáticos muestran algunas tendencias introvertidas, pero no siempre son introvertidos. Hay un montón de empáticos que son extrovertidos, y muchos de ellos son mejores escondiéndolo cuando se sienten emocionalmente abrumados. Todavía necesitan tiempo para recargarse y reiniciar después de los escenarios sociales, pero se sienten más obligados a volver a salir una vez que han tenido el descanso que necesitan.

6. Los empáticos son personajes de ficción formados por cómics.

Quiero lanzarme a una letanía de palabras para refutar esto, pero el hecho de que tú y yo existamos es suficiente para demostrar que no es cierto. Los psicólogos han reconocido públicamente que los empáticos existen e incluso pueden identificar lo que nos hace ser como somos. ¿Necesitamos más pruebas que eso?

7. Los empáticos siempre están llorando y son demasiado emocionales.

La mayoría de la gente espera que un empático tenga un colapso emocional cada hora más o menos. Nuestras habilidades como empáticos nos permiten acceder a una puerta a la que no mucha gente puede llegar y, a veces, lo que encontramos al otro lado puede ser muy desconcertante y en algunos casos abrumador. Pero, esa imagen del empático que está constantemente en posición fetal llorando a mares es completamente inexacta. Mientras que los empáticos *pueden* llegar a ser muy emocionales, sólo un pequeño porcentaje de ellos se encuentran en ese estado permanentemente. Después de un tiempo, los empáticos aprenden a usar su don. Tienden a ser conscientes de cuándo necesitan retirarse para evitar que lleguen a ese estado.

8. Los empáticos son víctimas de traumas

Muchas víctimas de traumas pueden volverse empáticas, pero no por el trauma. A veces los empáticos pueden vivir vidas perfectamente afortunadas y estables, sin mucha exposición al trauma en absoluto, y seguirán teniendo una fuerte empatía con aquellos que son diferentes a ellos. Esto es lo que hace a los empáticos tan increíbles. La mayoría de la gente necesita experimentar algo para aprender de ello, pero los empáticos pueden absorberlo instantáneamente.

Capítulo Dos - Entendiendo el don de la empatía

Dado todo lo que has sentido en tu vida, es posible que te sientas renuente a considerar las cualidades o habilidades empáticas como un regalo. ¿Y quién puede culparte? Tu viaje emocional hasta este punto ha sido como una montaña rusa. La mayoría de las personas tienen dificultad para procesar las emociones que encuentran. Un empático puede pasar por todo un menú de emociones antes de que acabe la mañana y eso no es todo. Experimentas estas emociones a un nivel de intensidad que normalmente erosionaría lo que me gusta llamar tus puntos nerviosos emocionales (son como los números de la escala excepto que, en este caso, no están evaluando tu peso sino tus límites). Muchas personas se quebrarían si experimentaran una fracción de lo que tú sientes. En este punto, tú y tus emociones son como una montaña con un volcán activo. Tu exterior esconde la confusión que se vive en el interior.

Probablemente estés pensando: "Este escritor a tiempo parcial y empático a tiempo completo está haciendo un mal trabajo vendiendo la idea de ver tus habilidades empáticas como un regalo. "Bueno, eso es porque todo lo que he esbozado puede ser considerado una debilidad, si se mira a través del lente equivocado. ¿Pero quieres saber un secreto? Puedes fácilmente hacer de esta debilidad tu superpoder. Sólo necesitas saber cómo.

La capacidad de procesar una variedad de emociones más rápido que la persona promedio requiere mucha fuerza. La forma en que experimentas emociones e interacciones con tanta profundidad es un nuevo tipo de inteligencia. ¿Y ser el equivalente humano de un volcán? ¡Vamos! ¿Qué tan increíble es eso?

Mucha gente considera el don de empatía como una superpotencia, pero en realidad puede ser explicado con la ciencia. Profundicemos más, ¿sí?

La ciencia detrás de la empatía y la empatía

Las explicaciones que he dado para la empatía, hasta ahora, han venido desde un punto de vista psicológico y experiencial. Pero ¿qué tiene que decir la ciencia al respecto? Se han hecho una cantidad sorprendente de investigación sobre el tema, y hay más de un puñado de teorías que explican la experiencia de la empatía. Algunas de estas teorías son una tontería y no se sostendrían en ningún tribunal científico, pero encontré algunas bastante interesantes.

Examiné tantas teorías científicas como me fue posible en el curso de mi investigación. Las clasifiqué en diferentes carpetas: las totalmente locas, las de ciencia ficción y las que realmente me dieron una pausa. Compartiré las mejores teorías que tenían más sentido para mí. ¿Y qué tal uno de los tontos para terminar riendo?

Teoría #1:

Los chicos que pasan sus carreras estudiando el cerebro tenían que conseguir un lugar en esta lista y no decepcionaron. Según ellos, los empáticos se comportan como lo hacen debido al efecto espejo. El efecto espejo esencialmente nos dice que cuando vemos a alguien hacer algo, la parte de nuestro cerebro que es responsable de ejecutar esas mismas acciones se dispara. Sin darnos cuenta, esa acción se ejecuta neurológicamente. Y aunque en realidad, esa acción nunca fue llevada a cabo por nosotros, nuestro cerebro nos transmite la información como si realmente hubiéramos realizado esas acciones. Posteriormente, experimentamos las consecuencias de esas acciones de primera mano como si nos hubieran ocurrido a nosotros.

Digamos que tu amiga te cuenta sobre su horrible ruptura y cómo tuvo que guardar todas las cosas de su expareja en una maleta. Una persona empática se pone inmediatamente en esa posición. Es casi como si tú mismo estuvieras allí, guardando las pertenencias de la persona a la que estás a punto de despedirte para siempre. No estuviste allí, pero te parece real. Sientes la tristeza en su totalidad. La parte de tu cerebro que estaría activa durante ese escenario está, de hecho, activa ahora. Y todo lo que necesitabas era escuchar la historia de tu amigo. Esa es la vida de un empático.

Estoy dispuesto a apostar que has experimentado esto antes. Según los neurocientíficos, cuando vemos a una persona tomar cierta acción, nuestro cerebro nos dice que hemos hecho lo mismo y experimentamos lo que ellos sienten. Desde el punto de vista neurológico, hemos caminado una milla en su lugar.

El estudio se centró en la empatía y no en los empáticos en particular. Lo que demostró es que la empatía es una elección. Sí, lo has leído bien. La transmisión de señales del cerebro puede haber sonado como una reacción involuntaria, como un reflejo parpadeante, pero en realidad, el cerebro decide en menos de un nanosegundo si se va a involucrar en el efecto espejo. La demostración de empatía se convierte en una elección. Los psicópatas se niegan rotundamente a participar en ese proceso al separarse deliberadamente emocionalmente.

Este segundo estudio afinó el propósito de su investigación. No se trataba sólo de empatía en este caso ahora. Tenía la intención de explicar por qué algunas personas son más empáticas que otras. La persona a cargo de este proyecto decidió no usar la palabra 'empatía'. En vez de eso, se usó 'altruista'. Es importante tener en cuenta que existen diferentes tipos de altruistas. Tienes al altruista de la familia. Como su nombre lo indica, estos chicos son muy empáticos con las personas que consideran que están estrechamente relacionadas con ellos. Una madre que experimenta la angustia de su hijo muestra empatía como ninguna otra, pero eso no la convierte en una empática ahora, ¿verdad? El segundo grupo de altruistas se clasifica bajo el grupo basado en la reciprocidad. Son lo que me gusta llamar, el rasguño de mi espalda y el rasguño de su espalda tipo de donante. Para ellos, un favor es un bono que tienen en alta estima con toda intención de pagarlo en adelante sin importar el costo para ellos. ¿Alguna vez has visto esas películas en las que el héroe llama a un "viejo amigo" que le debe un favor para que le ayude a completar una misión? La mayoría de las veces, este viejo amigo muere, pero no antes de decirle al héroe que ha pagado su deuda (tan triste cuando eso sucede). Bueno, de eso es de lo que estamos hablando aquí. Y luego está el tercer grupo de chicos que hacen lo que hacen simplemente porque se preocupan genuinamente por el bienestar de la persona por la que están haciendo esta buena acción. No deben tener una relación previa con la persona y, de hecho, las personas de este grupo prefieren hacer sus generosas donaciones de manera anónima. Estos héroes que no se escapan se clasifican como altruistas basados en el cuidado en el experimento y fueron el foco principal de esta investigación. Dicho esto, volvamos a la investigación.

Los participantes donde la gente que ha hecho actos desinteresados como donar un órgano a un completo extraño y otras cosas realmente geniales (que podrían tenerte considerando cuál sería tu próximo 'dar' si sabes a lo que me refiero). Fueron emparejados con personas que nunca lo han hecho y se les pidió a ambos grupos que miraran imágenes diferentes que mostraran diferentes expresiones emocionales. Sus cerebros fueron mapeados para monitorear su reacción a estas imágenes y los resultados fueron documentados. Lo que mostró fue que las amígdalas, que son la parte del cerebro responsable de procesar las emociones, entre otras cosas, parecían ser un 8 por ciento más grandes que los no altruistas regulares del grupo, lo cual es increíble. Por supuesto, también examinaron a los otros tipos en el otro extremo (los psicópatas) y lo que encontraron fue que las amígdalas de los psicópatas eran 18 por ciento más pequeñas que el promedio. Esto tenía sentido para mí. La idea de que los empáticos son esencialmente personas con un bono neurológico en la derecha lo son. ¿Quién iba a saber que el 8 por ciento podía hacer una gran diferencia, ¿verdad? Pero este fenómeno cerebral no fue lo único que los separó. Se estudiaron otros aspectos de sus vidas y se demostró que ellos (los altruistas basados en el cuidado) eran evidentemente más humildes que sus compañeros. Por eso reaccionaron ante el dolor y los temores de los completos extraños como si fueran los suyos propios. Y esto nos lleva al punto de esta investigación. La investigación fue guiada por el papel que juega el miedo en las decisiones tomadas por los altruistas. Déjame explicarte eso.

Los empáticos son más que simples dadores. La clave para los empáticos es experimentar las emociones de los demás como si fueran las suyas propias. No hay límites en la gama de emociones que sienten. Pueden sentir la rabia de los demás, el dolor e incluso sus alegrías. Este experimento se centró en el aspecto positivo de la empatía y no sólo en el elemento experiencial que es crucial para la definición completa de una empatía. Los investigadores querían averiguar si había una manera de identificar claramente a los verdaderos empáticos. Diría que lo que esto ha sido capaz de lograr es decirnos que algunas personas son visiblemente más sensibles a la angustia de otros y están más motivadas para actuar en consecuencia porque han procesado y personalizado la experiencia de la persona en angustia (de nuevo, el efecto espejo se produce aquí), pero todavía no aborda el tema en su totalidad.

Esta investigación final tomó la teoría del laboratorio en lo que yo puedo describir mejor como "aguas turbulentas". Pero tiene sentido. Especialmente porque viene de un profesor de psicología. La primera investigación que discutí aquí se centró en el efecto espejo. Esta investigación se centró en lo que ellos llamaron la sinestesia de toque de espejo. Según el artículo que leí, se trata de un fenómeno en el que la línea entre lo que realmente se experimenta y lo que se ve es borrosa. En otras palabras, lo que ves y lo que sientes es casi lo mismo. Ahora reflejar el dolor de otra persona es una experiencia bastante común. Como hombre, verás que un hombre que recibe un puñetazo en su región inferior puede inspirar una reacción de un tirón de rodilla por tu parte. Incluso las chicas pueden tener la misma reacción. Sin embargo, las líneas comienzan a desdibujarse cuando no sólo reaccionas físicamente al dolor de esta persona, sino que también experimentas un dolor correspondiente en tu región inferior. Los tipos que llevaron a cabo esta investigación dicen que es tan raro que sólo alrededor del 2 por ciento de la población experimente esto.

Esto me interesó mucho porque he tenido una experiencia personal que yo diría que encaja con este fenómeno. Este fue el período en el que fui a visitar a uno de mis primos más cercanos. Pasé unos días en su casa y la esposa estaba muy embarazada en ese momento. No fue uno de esos embarazos de celebridades con la piel resplandeciente y la belleza completa. Tenía náuseas matutinas, dolor de espalda y acné en la cara y el cuerpo. Me dio tanta pena que al final de mi primer día vomité mucho. Al principio, pensamos que me había contagiado la gripe o algo así. Me pusieron en cuarentena en mi habitación, pero al final del segundo día, estaba claro que estaba reflejando sus síntomas, ya que de repente tenía acné en la cara y el pecho. Este fue un incidente aislado y nunca lo pensé mucho después de ese período. Pero leer sobre esta investigación me recordó eso. De todos modos, volvamos a la investigación.

Lo esencial fue que entregaron materiales a personas al azar para evaluar sus niveles de empatía y luego se les hizo una pequeña prueba. La prueba fue bastante sencilla. Debían sentarse y luego un dedo les daba golpecitos en un lado de la cara mientras ellos miraban a otra persona que estaba siendo golpeada en su cara también excepto que estaba en el lado opuesto. Luego se les preguntó dónde sentían el grifo. La teoría general es que las personas que tienen la sinestesia de toque de espejo dudaban en responder porque no estaban seguras de dónde sentían el grifo. Ahora bien, los resultados no eran del todo concluyentes a la hora de apoyar la existencia de los empáticos. Sin embargo, nos mostraron un aspecto de la empatía que puede explicar por qué algunas personas son muy “empáticas" con otras. La incapacidad de distinguir entre la propia experiencia personal y la de los demás es un concepto perturbador y claramente necesita ser estudiado más a fondo, pero resalta ciertos rasgos. Mi principal conclusión de los resultados de esa investigación es que hay un elemento de elección en el proceso. No hay un defecto de diseño cerebral que te haga más o menos propenso a ser empático. Y creo que los tres tipos de investigación de alguna manera apoyan esto. Una parte de ti reaccionará a ciertas situaciones de manera un poco diferente a como lo harían otras personas, pero al final del día, esto no es algo que estén haciendo sin la participación de su voluntad. En otras palabras, los empáticos no nacen empáticos. Es un proceso. Una combinación de tu educación, valores personales y, a veces, un toque de biología.

Dicho esto, prometí mirar una de las explicaciones científicas no tan convencionales detrás de la existencia de los empáticos. Leí muchos artículos sobre el tema y este en particular me llamó la atención. Según ellos, (ni siquiera voy a hacerte perder el tiempo enviándote allí con un enlace para leerlo) los empáticos son personas que sufren de un trastorno de procesamiento sensorial. Si derramas tu café mientras lees eso, serás perdonado. Pero prepárate, hay más. Ellos creen que los empáticos son personas que son incapaces de clasificar con precisión las experiencias que reciben del mundo que les rodea porque son muy sensibles a todo, desde las vistas hasta los sonidos e incluso los olores. Parafraseando, "cuando la vida se vuelve demasiado estimulante... algunas personas incluso informan de mareos, así como de un aumento de la ansiedad". Me ha costado mucho relacionarme con esto, como estoy seguro de que a ti también le costaría. Pero después de leer su descripción de los comportamientos empáticos, tenía sentido que esto tuviera sentido para ellos. Según ellos (parafraseando de nuevo), "una mayor empatía es el equivalente emocional de sentir dolor con el toque más suave en el brazo". Yo archivaría esto bajo 7234 cosas que un empático no es.

En conclusión, según la ciencia, ser empático no te convierte en un bicho raro. Puedes reaccionar a las cosas de manera diferente, pero eso es sólo una parte de lo que lo hace especial.

La diferencia entre la empatía cognitiva, emocional y compasiva

Cuando empecé este viaje hace unos años para tratar de obtener una definición clara de lo que es el ser y lo que debería significar para mí, tuve la suerte de conocer a algunas personas increíbles en el proceso. Uno de ellos era y sigue siendo hasta el día de hoy un muy buen amigo mío. Me refería a Austin en mis años universitarios justo después de haber llegado a la conclusión de que la ciencia era incapaz de disputar la existencia de los empáticos, el siguiente paso era averiguar cómo manejar todo el asunto y, con eso, me refiero a entendernos mejor. Este amigo mío dijo una de las cosas más profundas de ser un empático. Dijo que ser empático es como tener un vínculo neural con todas las personas que conoces, ves, escuchas o conoces. Por supuesto, fue una cosa muy ingeniosa de decir y muy profunda. Los empáticos están conectados a las personas por sus experiencias emocionales. Si este es el caso, ¿todos los empáticos están cortados de la misma manera? Quiero decir, ¿qué pasa con la empatía con todas estas conexiones? ¿Cómo reaccionan? ¿Experimentan las cosas de la misma manera? Estas preguntas nos hacen pensar que, si no hay nada científicamente que pueda diferenciar a un empático de otro, tiene que haber una manera de llegar a entender qué es lo que hace que los empáticos en general se muevan. Y empezamos a explorar el comportamiento de los empáticos.

Los empáticos reaccionan a las emociones, pero la forma en que reaccionan es lo que los hace únicos. En mi investigación, hay varios tipos de empatía, pero me voy a centrar en tres tipos diferentes (veremos algunos otros más adelante). Y a partir de estas diferencias, creo que somos capaces de encontrar las respuestas a por qué actuamos de la manera en que lo hacemos. Exploraré y explicaré cada tipo uno tras otro y luego lo llevaremos de vuelta a cómo todo eso se correlaciona con lo que sabemos acerca de los empáticos.

Empatía Cognitiva

Estos son empáticos cuyas habilidades empáticas están ligadas a la perspectiva. Para ellos, la experiencia empática tiene más que ver con el hecho de que son capaces de ver las cosas desde el punto de vista de la persona con la que sienten empatía. De los tres tipos de empatía que he encontrado, creo que la empatía cognitiva es la forma más desapegada de empatía (por más desapegada que pueda ser una empatía), también es la forma más pasiva de empatía. Los empáticos que caen en esta categoría serían excelentes mediadores o diplomáticos, ya que son propensos a ver el punto de vista desde ambos lados de la valla.

Las personas que no entienden los empates cognitivos piensan que son seres lógicos sin emociones que se aferran a los hechos e ignoran todo lo demás, pero es todo lo contrario. Cuando estos tipos te dicen que entienden cómo te sientes, es mejor que les creas porque realmente lo hacen. Más allá de las emociones, una empatía cognitiva hace un esfuerzo genuino para realmente "llegar" al lugar de dónde vienes, tomando deliberadamente un trabajo mental en tus zapatos. Y cuando están en esos zapatos, se sumergen en la situación para que puedan sentir todo lo que tú estás sintiendo. Creo que su respuesta a la angustia emocional de la gente es menos reactiva y más pragmática. Y no pragmático en el sentido general de la palabra. Tu enfoque práctico hacia una solución se derivaría de su clara visión de la situación en la que te encuentras.

Por ejemplo, cuando un empático cognitivo ofrece una solución para una persona sin hogar va a ir más allá de una lata de sopa. Y esto se debe a que ven el problema como un todo y no sólo las molestias momentáneas que la persona está experimentando actualmente. Una típica empatía cognitiva se pondría a sí misma en todo el viaje de una persona sin hogar. Observarían el patrón migratorio de las personas sin hogar, las condiciones climáticas de las zonas en las que es más probable que pasen la noche, la molestia de desplazarse de un lugar a otro, pero sin el lujo de tener ropa variada que combine con las estaciones del año. Por lo tanto, encontrarás que están haciendo algo como comprar o incluso diseñar un traje flexible que se puede adaptar a las diferentes condiciones climáticas sin requerir mucho mantenimiento. No muchas personas tomarían esta decisión, pero después de leer sobre ellos, tenía sentido que la solución fuera tan práctica pero que naciera de un lugar de entendimiento.

Empatía emocional

Este tipo de empatía es bastante auto explicativa, pero para asegurarnos de que todos estamos en la misma página, voy a entrar en ella de todos modos. La empatía emocional es una forma instintiva de empatía donde el empático reacciona a las emociones de otras personas. Los perfiladores psicológicos se refieren a este tipo de empatía como la forma más primitiva de empatía. Si repasamos lo que discutimos en la sección que se centró en las teorías científicas detrás de la empatía, ese efecto espejo que se destacó en uno de los estudios es muy aplicable aquí.

Una empatía emocional puede reflejar la emoción que ven u oyen en otras personas. Pero su reacción emocional no siempre proviene de un lugar de comprensión lógica. Es sólo un reflejo. Sin embargo, el hecho de que no parezca ser un proceso pensado no significa que los empáticos emocionales no tengan ni idea de sus reacciones. En realidad, el cociente emocional de los empáticos emocionales es inusualmente alto. Ellos tendrían una conversación contigo y basarían su interpretación de ciertos lenguajes corporales y vibraciones (a falta de una palabra mejor) que emites, pueden escoger lo que estás sintiendo y reflejar ya sea la misma emoción o una emoción correspondiente que lo haría sentir mejor. El alcance general es que estos tipos son muy inteligentes emocionalmente.

Un concepto erróneo muy común que la gente tiene sobre los empáticos emocionales es que son muy emocionales y que probablemente llorarán o perderán el control de sus emociones al instante. La realidad es diferente. Su inteligencia emocional les permite también sentir sus propias emociones y luego ponerle un tope antes de que se les vaya de las manos. Pueden detectar con precisión las emociones, reflejarlas y a veces incluso desviarlas antes de que la persona que las experimenta se dé cuenta de lo que está sucediendo. Tienen el don innato de poder hacer que la gente de su alrededor se sienta mejor.

Empatía compasiva

Esta es la forma más activa de empatía. Combina aspectos tanto de la empatía cognitiva como de la empatía emocional en el sentido de que el empático compasivo es capaz de ver las cosas desde el punto de vista de la otra persona y luego reaccionar basándose en el entendimiento que ahora tiene. La empatía emocional es el tipo que todos conocemos y hemos estereotipado como la típica empatía, mientras que la empatía compasiva es en la que todos estamos tratando de convertirnos. Las cualidades del empático compasivo casi los ponen en ese nivel celestial porque suenan casi demasiado buenas para ser verdad, pero eso es lo que son esencialmente.

Un empático compasivo es el tipo de persona que sabría que la lista de canciones de su mejor amiga es una señal de que todo no está bien con su novio y más que simplemente reconocer que esto es lo que está sucediendo, lo llevaría un paso más allá al organizar el tipo de evento o actividad que sacaría a dicha amiga de su depresión y la llevaría a un nuevo ritmo. Todos queremos una empatía compasiva en nuestro rincón porque hacen la vida mucho más fácil de navegar.

Ahora mirando hacia atrás entre estos tres empáticos, verás que cada uno de ellos tiene sus ventajas y desventajas (algunos más que otros), pero todos tienen un propósito. La meta final de los empáticos es convertirse en empáticos compasivos porque parecen tener un equilibrio saludable de acción y reacciones. Una cosa que observé en general es que puedes trabajar para mejorar aspectos de ti mismo si sientes que te inclinas demasiado en una categoría. Por ejemplo, si encuentras que eres demasiado pragmático en tus relaciones con la gente, es posible que quieras entrenarte para ser más inteligente emocionalmente. No me malinterpretes. No creo que ser práctico esté mal. Pero a veces, pueden desconectarse un poco de la realidad presente porque están tan enfocados en el panorama general. Un poco de inteligencia emocional ayudaría mucho a arreglar esto. En cuanto a la empatía emocional, a veces, las personas que te rodean van a necesitar más que una muestra de sentimientos para superar las situaciones. Llegar a entender por lo que realmente están pasando en lugar de confiar sólo en sus instintos puede ayudarle a ser más "útil" en tiempos de crisis.

¿Qué hace a un empático?

Al final del primer segmento de este capítulo, había una gran lección que aprendimos acerca de lo que los empáticos no son... no son creados, aunque en algunos casos, nacen de la manera que son (muy confuso, lo sé, pero llegaremos a eso en un rato). Es cierto que hay algunos marcadores biológicos que desempeñarían un papel en la forma en que procesas ciertas cosas, sin embargo, en última instancia, no lo define. Uno de los factores biológicos atribuidos a ciertos comportamientos empáticos es la amígdala. Los científicos nos dicen que los empáticos tienen sus amígdalas un poco más grandes que las de su contraparte promedio, pero también se ha hablado de que las personas con amígdalas más grandes tienen profundos problemas de ansiedad. De acuerdo con esa investigación, ciertos eventos (relacionados con el miedo y la ansiedad) pueden desencadenar un crecimiento de nuevas células en esta área del cerebro, lo que a su vez aumenta el tamaño de esta parte del cerebro, lo que conduce a una mayor ansiedad. Viendo que los empáticos no están exactamente afligidos por la ansiedad, no se puede culpar a la biología por esto.

Algunas personas intentan rastrear sus habilidades empáticas a un evento particular, trauma o memoria en sus vidas a pesar del hecho de que son incapaces de recordar un tiempo en el que nunca fueron como son ahora. Hay que admitir que las habilidades son causadas o desencadenadas por algún tipo de tragedia implicaría que las habilidades estaban latentes y que, de alguna manera, fueron despertadas. No sólo suena poco realista, sino que también suena como algo que fue arrancado de la trama de una película de ciencia ficción de bajo presupuesto.... críptica, extraña y falsa. Si no pasa nada más, ocurre lo contrario. Un evento trágico puede desencadenar el cierre de tus habilidades empáticas. En los capítulos siguientes, discutiremos esto en detalle, pero créanme, la empatía no nace de la experiencia personal. Debo señalar aquí que hay ciertas experiencias que tendrías que te harían sentir empatía con cualquiera que pase por algo similar. Sin embargo, como estoy seguro de que hemos aprendido hasta ahora, la demostración de empatía no es lo que automáticamente te convierte en un empático. Hay más que eso.

Hasta que la investigación científica demuestre lo contrario, en lugar de buscar un elemento como la chispa que desencadena la naturaleza empática en movimiento, piensa en tu existencia como el resultado de muchos factores que se unen para crear un ser asombroso. Hay un componente biológico para iniciar las cosas, un poco de experiencias para abrirte a más emociones, un poco de condicionamiento social y una dosis saludable de fuerza de voluntad.

5 otros tipos de empatía que no conocías

Cuando entramos en este segmento sobre los diferentes tipos de empatía, dije que examinaríamos otros tipos de empatía. Si no pudiste identificarte con las otras formas de empatía, existe una gran posibilidad de que encuentre su lugar aquí. Tenga en cuenta que estos tipos de empatía no son muy comunes, pero tienen rasgos identificables muy singulares y los repasaré brevemente.

Empatía Geomántica: Las emociones de un empático geomántico están en sintonía con el entorno en el que se encuentran. Sus habilidades empáticas se alimentan de las energías de cualquier lugar en el que se encuentren. Una típica empatía geomántica te diría que ciertos lugares les hacen sentir un tipo específico de emoción. Por lo general, se sienten atraídos hacia lugares que tienen una rica historia o lugares que se consideran sagrados como templos, iglesias, etc.

Empatía con las plantas: Estos tipos tienen lo que todos llamamos un pulgar verde y esto se debe a que las plantas siempre parecen prosperar mejor bajo su cuidado. Pero eso tiene más que ver con su intuición natural para las necesidades de las plantas que con su conocimiento sobre la plantación en sí. Los empáticos de las plantas tienden a prosperar en trabajos o negocios que giran alrededor de la industria de las plantas.

Empatía Animal: Al igual que los empáticos de las plantas, los empáticos de los animales están en sintonía con las necesidades de los animales. De alguna manera pueden sentir lo que los animales necesitan. El término común para ellos es "susurradores de animales". Sin embargo, a diferencia de los empáticos de las plantas que se conectan con casi todos los tipos de plantas, es probable que los empáticos de los animales estén en sintonía con un animal específico. Por lo tanto, no está fuera de lo común encontrar empatía animal cuya empatía es hacia los gatos, los perros o incluso los pájaros.

Empatía intuitiva: También llamados empáticos claircognizanos, estos tipos pueden intuitivamente captar las emociones de otras personas sin que se les hable de ellas. No son fácilmente influenciados por las expresiones emocionales de la gente porque pueden sentir la verdadera naturaleza de las emociones de la persona escondidas debajo de la fachada que presentan sin importar lo bien construida que esté.

Empatía Física/Médica: Una empatía médica puede sentir casi inmediatamente cuando el cuerpo de una persona está fuera de servicio por razones de salud. Captan la energía que sale de la gente que encuentran y pueden leer esa energía de la misma manera que un meteorólogo leería el tiempo.

Capítulo Tres - La realidad de la empatía

Después de analizar la empatía desde un punto de vista tanto mítico como científico, es el momento de ser realistas con lo que se trata. Y por real, me refiero a llegar a los detalles básicos de la vida cotidiana de un empático. Más allá de la publicidad digital que ha sido amplificada por el retrato de los medios de comunicación de los empáticos, existe la realidad y no siempre es agradable. Esta realidad es la razón por la que probablemente tomaste este libro en primer lugar. El 'regalo' de ver el mundo a través de las lentes multicolores de las emociones tiene un precio. Y cuanto antes comprenda el precio que está pagando, más fácil será detener la espiral en la proverbial madriguera del conejo. Al leer más adelante, es posible que tenga que enfrentarse a algunas verdades sorprendentes. Puede que se ponga un poco incómodo, pero te prometo que al final mejorará. En vez de ver esto como un pronóstico de perdición, piensa en ello como tu fiesta privada de salida donde puedes verte reflejado en las páginas de este libro en toda tu brillante gloria.... defectos, fortalezas y todo.

El lado oscuro de ser empático

Sabemos que los empáticos son generalmente emocionalmente intuitivos en algún nivel, incluso si los que están en sintonía con ellos puede ser diferente. Sin embargo, esta experiencia los deja emocionalmente crudos y sensibles la mayor parte del tiempo. Pero la sensibilidad emocional no es lo único con lo que tienen que lidiar. Reflexionando sobre mi vida y la información que pude reunir durante mi investigación, hice una lista de algunas de las cosas con las que casi todos los empáticos tendrían problemas.

1. Los empáticos tienden a deprimirse: Para los empáticos, es una batalla constante para clasificar a través de la miríada de emociones que sienten. Primero, tienen que trabajar duro para mantener sus emociones bajo control. Como he establecido, la mayoría de los empáticos son emocionalmente inteligentes y como resultado, no los encontrarás perdiendo el control de sus emociones, pero lo que la mayoría de la gente no se da cuenta, es lo difícil que es hacer esto. Después de poner una tapa en sus emociones, lo siguiente que tienen que hacer es determinar si las emociones con las que están luchando son las suyas propias en primer lugar. Dada su capacidad para absorber las emociones de otras personas, es comprensible que esos sentimientos puedan eventualmente mezclarse con sus propias opiniones y emociones personales. Estas frecuentes batallas internas pueden llevar a la depresión.

2. Los empáticos están típicamente agotados emocionalmente: Lidiar con las emociones a la frecuencia e intensidad de los empáticos es muy agotador. Esto lleva a una fatiga emocional

3. Los empáticos se tratan a sí mismos como ciudadanos de segunda clase: No estoy seguro de que esto esté ligado a la depresión o al hecho de que siempre están al borde del agotamiento. Pero la mayoría de los empáticos operan sus vidas personales en reserva debido a todas las otras cosas con las que tienen que lidiar. Su necesidad impulsiva de ayudar a otras personas les dificulta priorizarse a sí mismos.

4. Los empáticos luchan con la culpa: Ayudar a la gente es un instinto primario para los empáticos. Cuando se enfrentan a un rompecabezas emocional, tienen una necesidad casi compulsiva de juntar las piezas y, en una situación en la que no lo hacen, lo toman como una pérdida personal. Sienten que le han fallado a la persona o personas involucradas y que esta culpa podría comerles durante mucho tiempo. A veces, se esfuerzan por compensar este “fracaso” haciendo todo lo posible por complacer y apaciguar a la persona "agraviada".

5. La empatía son esponjas emocionales: Absorber la energía de una habitación puede sonar frío hasta que te encuentres absorbiendo más energía negativa de la que una persona debería tener que soportar. Y mientras que los empáticos tienen la habilidad de cerrar el grifo emocional tan rápido como lo abren, su naturaleza llena de culpa los hace más inclinados a lidiar con las cosas negativas que la gente pone por más tiempo que el ser humano promedio. Hacer frente a las personas negativas es una cosa, pero asumir algunos aspectos de esa negatividad, que es un juego de pelota totalmente diferente y no uno divertido en eso. Esto nos lleva a la siguiente gran cuestión.

6. Los empáticos tienden a tener relaciones tóxicas: Cada uno de los rasgos que hemos visto hasta ahora nos lleva a este punto. Debido a la naturaleza generosa de la empatía, tienden a atraer al tipo de gente que deliberadamente se aprovecha de ello. E incluso cuando un empático se encuentra en una relación en la que se está aprovechando de él, sería difícil encontrarlos saliendo de esa situación de buena gana. Algunos de los que han salido exitosamente de esas relaciones terminan culpabilizándose a sí mismos y regresando a esas situaciones tóxicas.

Estos rasgos oscuros atribuidos a los empáticos no significan esencialmente que todos los empáticos tengan que ser así. En otras palabras, no tienes que vivir en la oscuridad. Sin embargo, hay ciertos patrones de comportamiento que tienen que ser tratados para poder lidiar con la oscuridad. Ser empático puede hacer que seas propenso a ciertas cosas como la depresión de la que hablamos, pero hay hábitos que tienes que podrían llevar tu vida al punto en que todo lo que haces se caracteriza por la depresión. En este próximo segmento, vamos a examinar algunos de esos hábitos.

5 malos hábitos que los empáticos deben dejar ir

1. Decir que sí a todo: Los empáticos son placeres naturales de la gente. Esto los hace más proclives a decir que sí, incluso cuando ese sí no les beneficia de ninguna manera. En el lugar de trabajo, esto puede dejar a los empáticos atascados en una rutina profesional, ya que se encuentran pasando más horas completando el proyecto de otras personas en lugar de concentrarse en el crecimiento de sus carreras.

2. La necesidad de arreglarlo todo: La frase, "si no está roto, no lo arregles" tiende a volar sobre la cabeza de un empático. Un pájaro con las alas rotas necesita que se le devuelva la salud, un niño con un historial triste necesita un poco de luz para dejar atrás ese pasado oscuro, pero una persona adulta con problemas profundos de control de la ira necesita tomar la decisión de ser mejor y ninguna cantidad de amor o cuidado puede llevarlos a ese lugar sin su propio consentimiento. Los empáticos necesitan saber cuándo dejar las cosas como están.

3. No hablan por sí mismos: Los empáticos no son fáciles de convencer. Al menos no en el sentido básico de la palabra. Sin embargo, les gusta dejar el suelo abierto a otras personas para que expresen sus puntos de vista y sentimientos, mientras que sus propios sentimientos quedan relegados a un segundo plano. Esto nace de la buena voluntad, ya que sienten que la otra persona que se desahoga les ayudaría a liberar lo que están sintiendo, pero se convierte en una carga si tú, como empático, con frecuencia tienes que abstenerte de decir lo que realmente sientes. Esto lleva a un montón de emociones reprimidas que sabemos que es una bomba de tiempo mental.

4. Eligiendo pasar más tiempo en su cabeza: Está bien dar un paso atrás cada dos días y tomarse unos minutos para estar consigo mismo. Pero cuando se convierte en un hábito regular, puede ser perjudicial. En realidad, tiene sentido que quieras evitar lidiar con

todas esas emociones que vienen como parte del paquete cuando tienes que lidiar con la gente. Sin embargo, si deja ir la mayoría de los hábitos listados aquí, encontrará que es mucho más fácil tratar con la gente.

5. Tomando las cosas de forma demasiado personal: Cuando eres sensible y eres una esponja emocional, todo lo que sucede a tu alrededor puede empezar a sentirse como si se tratara de ti. Ciertos comentarios o acciones inofensivas pueden ser interpretadas como una venganza dirigida contra ti. Yo diría que tiene mucho que ver con la necesidad de armar rompecabezas emocionales, por lo tanto, todo parecería estar conectado a algo que luego se traduce en significado personal. Pero la verdad es que las cosas suceden simplemente porque suceden.

Los 5 Problemas Comunes de Salud de los Empáticos

En su mayor parte, debido a la naturaleza altamente emocional de una persona empática, sus luchas por la salud son más psicológicas y mentales que físicas. Por lo tanto, muchas de las cosas que se ven en este segmento tienen más que ver con las enfermedades mentales que con cualquier otra cosa. Sin embargo, el estilo de vida de los empáticos podría influir en los problemas de salud a los que se enfrentan más que su naturaleza de empáticos. Sin embargo, no podemos ignorar el papel que desempeña su naturaleza en el proceso.

1. Ansiedad: La mayoría de los empáticos luchan contra la ansiedad. El nivel de ansiedad que sufren varía de leve a severo y los empáticos emocionales tienden a tener los casos más severos de ansiedad en comparación con otros. Los empáticos físicos son otro grupo de empáticos cuyos niveles de ansiedad se disparan por las nubes, especialmente si tienen que lidiar con multitudes, pero a menudo se dirige a otro territorio de salud mental como los trastornos de pánico y llegaremos a eso en un momento. Su capacidad para

superar o al menos controlar su ansiedad depende en gran medida de su autoconciencia sobre quiénes son.

2. Depresión: Dada su propensión a hacer malabarismos con las emociones al mismo tiempo, no es sorprendente que también tengan que lidiar con problemas de depresión de vez en cuando. Cuando no se dan cuenta de las emociones de los demás, tienen que lidiar con la culpa, el aislamiento y su propio drama personal. Es casi como si no pudieran tomar un descanso. Además de ser conscientes de sí mismos, los empáticos necesitan hablar con otros empáticos o terapeutas para ayudarles a ordenar sus emociones.

3. Presión arterial alta: La presión arterial alta está estrechamente relacionada con el estilo de vida y la dieta. Sin embargo, se sabe que el estrés y la ansiedad (a los que sabemos que los empáticos son propensos) han causado picos temporales en la presión arterial. El efecto de la ansiedad sobre la presión arterial no dura mucho tiempo, pero si ocurre regularmente, estos picos de presión arterial pueden causar daño a los órganos principales del cuerpo. Los empáticos deben aprender técnicas de relajación que les ayuden a bajar su presión arterial cuando tengan un ataque de ansiedad. Además, deben tener cuidado con el tipo de hábitos que adquieren para lidiar con la ansiedad. Hábitos como fumar pueden complicar su salud.

4. Trastornos de pánico: Esto suele ocurrir cuando los niveles de estrés y ansiedad que experimenta una persona son realmente altos. Esto es causado por situaciones estresantes y para los empáticos, esto significa típicamente cuando están rodeados por un montón de gente con todas estas emociones golpeándolos desde diferentes direcciones. Los trastornos de pánico no son necesariamente potencialmente mortales, pero la experiencia es horrible. Buscar la ayuda de un profesional médico es muy útil en el tratamiento y manejo de los trastornos de pánico.

5, Agorafobia: Todas las personas tienen alguna forma de fobia, pero hay fobias que son peculiares de las personas con ciertos rasgos. La agorafobia es una forma de ansiedad que hace que una persona tenga miedo de estar en espacios llenos de gente o en lugares donde tiene la sensación de que no puede escapar. La agorafobia se trata mejor en sus primeras etapas. Cuanto más se deja desatendido, más poderoso se vuelve. No es una amenaza para la vida en el sentido físico, pero puede robarle la posibilidad de vivir una vida plena. La experiencia es mucho peor para un empático.

Como ha leído, los problemas de salud de un empático están un tanto interrelacionados. Una vez más, su estilo de vida juega un papel importante en su estado de salud. Pero tener una muy buena comprensión de tu personalidad como empático y ser muy consciente de cómo funcionan realmente las cosas para ti, te ayudaría mucho a establecer una buena base para una vida saludable. Como ha visto, la prevención es mucho mejor que el tratamiento para la mayoría de las dolencias aquí. La suposición general es que son las situaciones específicas las que desencadenan estas dolencias y aunque esto es cierto, no es el único desencadenante. Hay personas que son clasificadas como “tóxicas" especialmente para un empático. Estas personas no son necesariamente malas, pero su comportamiento, manierismos y rasgos de personalidad hacen la vida de un empático más complicada de lo que debería ser. Así que, de acuerdo con el tema de la prevención, veamos algunas personalidades que definitivamente debe evitar como empatía.

Las personalidades que los empáticos no pueden estar cerca.

Narcisistas:

Este tipo de personalidad es tan ensimismado que no podrían ver el daño que su negligencia y egoísmo está causando en sus vidas. Sus acciones pueden no ser por malicia, pero la empatía sensible no debería tener que lidiar con esto a diario. Se vuelve aún peor cuando la persona es un narcisista abusivo.

Manipuladores:

Este es otro tipo de personalidades egoístas que están dispuestas a ir más allá para hacer que la gente a su alrededor haga las cosas que quieren hacer, incluso si esas cosas no benefician a nadie más que a sí mismas. Los manipuladores jugarían con la culpa que sienten los empáticos para conseguir que cumplan sus órdenes. Esto crea un ciclo muy tóxico para el empático.

Abusadores:

Nadie debería estar cerca de los abusadores, pero esto es especialmente cierto en el caso de los empáticos. La mayoría de los abusadores combinan los rasgos de un narcisista y un manipulador además de inseguridades personales y la necesidad constante de control. Un empático es en realidad la única persona que puede conectarse lo suficientemente bien con un abusador como para ver las cosas desde su perspectiva y de una manera triste, entender de dónde vienen lo suficientemente bien como para atreverse, lo digo yo, a justificar el abuso que están sufriendo. Nadie debería tener que pasar por eso.

Capítulo Cuatro - La empatía lesionada

En el primer capítulo, compartí algunos de los mayores conceptos erróneos que la gente tiene sobre los empáticos. Una de ellas fue la idea de que los empáticos son personas rotas; que para que puedan conectarse con los sentimientos y experiencias que mucha gente tiene, deben haber caminado por el mismo camino. A estas alturas, ya sabes que este no es el caso. Un empático no necesita tener una experiencia de primera mano para entender verdaderamente lo que sientes. Sin embargo, a través de sus habilidades, pueden conseguir asientos de primera fila para su dolor y saber exactamente cómo se siente. Dicho esto, no significa que no haya empatía rota. Estar roto es parte de la experiencia humana y mientras seas humano, estás destinado a tener una fase en la que estás roto. La pérdida de algo de valor ya sea un objeto, una persona o incluso ideas que tenemos puede causar un dolor tan intenso que te sientes aplastado por el peso de este. Este es el punto en el que una persona se rompe.

No hay absolutamente nada malo en estar roto. El problema surge cuando dejas que esa experiencia caracterice todo lo que haces en el futuro. Tienes que entender que es parte de la naturaleza humana caer, pero también levantarnos. Ahora bien, el aumento no significa necesariamente que todo vuelva al estatus quo. Cuando te caes y te lastimas, te duele. Fisiológicamente, unas pocas células mueren en el área donde ocurrió la lesión. Pero a medida que el cuerpo comienza el proceso de curación, nacen unas cuantas células nuevas. A medida que la curación progresa, el dolor comienza a disminuir hasta que todo lo que queda para recordarle la lesión es la cicatriz. De la misma manera, cuando la vida nos derriba, nos lastiman y nos rompen. Pero si lo dejas, la rotura se cura cuando empieza a elevarse. Sin embargo, nos quedan las cicatrices de esas experiencias. Si los recuerdos de esas experiencias no se enfocan y las emociones que se despertaron en ese momento no se abordan, las cicatrices emocionales que se desarrollarán pueden afectar la calidad de vida, así como las oportunidades que tiene más adelante.

Una persona herida es aquella que lleva las cicatrices emocionales de su pasado a donde quiera que vaya. Para un empático herido, la experiencia es aún peor, están aliviando estas emociones a niveles de intensidad que son tan altos que el pasado parecería como si hubiera ocurrido ayer. Cada momento les trae una visita del pasado y los enjaula en el presente para que sean ajenos a las alegrías que se están produciendo y no puedan avanzar hacia el futuro que se merecen. Los empáticos heridos son curiosamente como la Mimosa Púdica también conocida como la planta "touch me not plant". En el momento en que los tocas, sus hojas se cierran. Por cierto, otro apodo para el tacto no planta es `la planta sensible'. Su reacción al tacto es la misma manera en que un empático herido reaccionaría a la vida. Sus cicatrices emocionales son tan profundas y el efecto es tan intenso que cada vez que la vida los escoge para una nueva experiencia, ya sea buena o mala, rápidamente regresan al refugio “seguro" que han creado para sí mismos. La parte triste es que este así llamado refugio seguro es todo menos seguro. Es como una habitación con un reactor nuclear que respira en ella y que extrae su energía de la oscuridad que la rodea.

Otro hecho triste es que, al igual que la persona promedio, la mayoría de los empáticos ni siquiera se dan cuenta de lo que les está sucediendo hasta que son consumidos por su pasado (una explosión nuclear emocional) o hasta que algo interrumpe el ciclo de comportamiento que condujo a ese camino destructivo, para empezar. No ayuda que los mecanismos de afrontamiento para la mayoría de los empáticos sean comportamientos autodestructivos, para empezar. Para empezar, está ese comportamiento solitario. No hay nada malo en ser un recluso, pero llevas las cosas al extremo cuando la paranoia se instala y empiezas a esconderte incluso de tu propia sombra. La única manera de avanzar es permitir que nuestras mentes se curen y se recuperen de las lesiones emocionales sufridas. Cuando una herida física está siendo tratada, lo primero que cualquier médico haría es intentar tratar los síntomas que amenazan la vida de la herida. Para las lesiones emocionales, yo diría que el equivalente de eso está saliendo de tu caparazón. Incluso si va a quedarse dentro de su casa encerrado, lo menos que puede hacer es tomar el teléfono y llamar a alguien y luego simplemente hablar. No tiene que ser sobre lo que estás pasando. El hecho de que esté teniendo una conversación solo va a ser como salir a tomar un poco de aire fresco después en un espacio sin oxígeno.

El siguiente paso es ir a la fuente de la herida que en el caso de un empático no siempre es el incidente que piensa que desencadenó el dolor en primer lugar. Por lo general es algo llamado fatiga por compasión. Y de eso es de lo que va a tratar el resto de este capítulo.

¿Qué es la fatiga por compasión?

En términos muy simples, la fatiga por compasión ocurre cuando una persona se desensibiliza emocionalmente a las necesidades, dolores y sufrimientos de otras personas. La fatiga por compasión también se conoce como estrés traumático secundario y se ha asociado con personas que han estado constantemente expuestas a historias y experiencias de tragedias durante tanto tiempo que parecería como si sus terminaciones nerviosas se hubieran roto y dejado de funcionar. Ahora, puedes inclinarte a pensar que esto significa que la persona que experimenta la fatiga de la compasión (en este caso un empático) se movería desde su extremo de la escala y punta hacia la sección donde tienes a los psicópatas. Esto no es así. Las personas que sufren de fatiga por compasión no mueren de repente por sus emociones. Lo que sucede es que internalizan estas emociones que sienten y son incapaces o desmotivados para actuar sobre ellas.

Permítanme darles un breve resumen de mi teoría sobre el tema. Cuando te enfrentas a una situación en la que una persona que conoces de algún modo está pasando por una experiencia muy trágica, estás instintivamente inclinado a querer ayudar. Encuentras una manera de proporcionar una solución para esa persona. Incluso si no puedes evitar completamente la tragedia, quieres hacer todo lo que puedas para mejorar la situación. Cuando lo consigues, hay una sección de recompensa en tu cerebro que se activa. Te sientes muy bien con esta buena acción que has hecho. En ese momento, el sol brilla un poco más, el mundo parece tener un poco más de color y la vida, en general, es muy fantástica. Esto quizás explica que la gente haya estado tratando de convencernos de que hacer el bien hace algo con su propio tipo especial de recompensa. Todo esto está muy bien. Después de vivir esta maravillosa experiencia que esencialmente es una retroalimentación psicológica de tu buena acción, estás inclinado a repetir este proceso de nuevo. No importa si las circunstancias son iguales o diferentes, quiere ayudar a esta nueva persona. Para los empáticos, esta experiencia puede ser muy adictiva. Quieren seguir haciendo estas buenas obras y seguir reviviendo las secuelas psicológicas. Es como un subidón, excepto que no hay ningún medicamento que pueda igualar el efecto. Pero ¿cuándo ocurre cuando la buena acción que has realizado no puede marcar la diferencia?

Aquí es donde la historia toma un giro un poco más oscuro. Tomemos este mismo escenario que hemos mencionado antes, pero con un resultado no tan positivo. Se enfrenta a una situación en la que alguien que conoce en algún nivel está pasando por algún tipo de experiencia trágica. Como buen amigo, colega o cualquiera que sea su relación con esa persona, intervienes para ayudar porque eso es lo que hace. Ahora ofrece esta ayuda con la esperanza de que la tragedia pueda ser evitada o, al menos, que la circunstancia pueda ser mejorada, pero en cambio, no pasa nada. O peor aún, las cosas se vuelven aún más trágicas de lo que tú las conociste. Ahora estás obligado a ver a esta persona vivir el dolor y el trauma de su experiencia hasta que termine su vida o su relación con ellos. Como empático, obtendría alguna retroalimentación de su dolor y esto se registra en su psique. Esto no te impide tratar de ayudar a la gente, pero hay una parte de ti que lucha con lo siguiente;

1. Su incapacidad para ayudar a esta persona
2. Su experiencia de segunda mano del dolo de la otra personar
3. Su ansiedad al perder a otro amigo o relación de la misma manera

Las cosas se complican un poco más para los empáticos que trabajan en profesiones específicas donde se enfrentan constantemente a la tragedia. Para los empáticos que tienen que lidiar con esto ocasionalmente con su círculo de amigos, la progresión de la fatiga de la compasión es más lenta. Pero para las personas cuyas ocupaciones son en el sector de la salud, como enfermeras, cuidadores, psicólogos, etc., existe un alto riesgo de desarrollar fatiga por compasión en un período de tiempo más corto. Personas que trabajan como abogados y que también son susceptibles a ello. Los empáticos en estos campos a veces terminan siendo incapaces de diferenciar su vida laboral de su vida personal, el afecto emocional quema su capacidad de conectarse emocionalmente con otras personas también.

Teniendo todo esto en mente, te acercas cautelosamente a otras relaciones. Ahora, todos sabemos que, en algún momento, la vida sucede. Esta otra relación puede no tener los mismos elementos trágicos que la anterior, pero incluso la más mínima insinuación de tragedia puede hacer que tus instintos entren en acción. Obviamente, te apresuras a ayudar. Esta vez, estás tan ansioso por los resultados de sus esfuerzos como por el bienestar de la persona, que incluso si su esfuerzo es recompensado por una aversión a la tragedia, su única recompensa psicológica sería el alivio que todo funciona. La prisa no es la misma, este éxito parece poner de relieve su fracaso. Y esto te lleva a un ciclo en el que sigues intentando compensar el proverbio que se te escapó. Si su esfuerzo por ayudar falla como la primera vez, es arrojado más profundamente en ese ciclo y la ansiedad toma raíces más profundas en su psique. Cuantas más correcciones y salvedades hagas, más querrás hacer, pero esto ya no se inspira en el subidón del que hablamos al principio. Ahora se trata de equilibrar las escalas. El estrés y la ansiedad que viene con cada caso que enfrenta lo empuja más cerca de la línea donde ya no se trata de ayudar a la gente sino simplemente de pasar el día. En este punto, está teniendo estrés traumático secundario.

Señales de empatía lesionada

El punto en el que un empático experimenta fatiga por compasión es donde se enraíza la lesión emocional que discutimos anteriormente. Como dije, no está aislado de un evento o una experiencia singular, por lo que no se puede hacer un viaje mental a este lugar específico, chasquear los dedos y encontrar un cierre. Es un poco más complicado que eso. Afortunadamente, puede determinar si ha llegado a este punto, aunque no sepa lo que lo trajo hasta aquí. Si recuerdan, pinté un cuadro de un refugio seguro comparado con una habitación que alberga un reactor nuclear activo y cuán tóxico puede ser ese ambiente para ti. En esta sección, vamos a destacar todos estos factores que hacen que estar en el estado en el que se es peligroso y luego hablaremos de cómo cruzar esos obstáculos.

1. Una aguda sensación de desesperanza que resulta en desapego

Si te encuentras incapaz de convocar un sentimiento genuino de optimismo por las cosas que haces, es posible que te hayas suscrito a ese sentimiento de desesperanza. Cuando tienes una situación que requiere tu ayuda y la haces no porque estés seguro o en lo más mínimo esperando que haga una diferencia, sino porque estás obligado a hacerlo, podrías estar teniendo fatiga por compasión. En este caso, la necesidad de desempeñar su papel tiene prioridad sobre las necesidades de la persona. Todo lo relacionado con el cuidado de esta persona se convierte en una actividad de rutina para ti. La mayor pista en este sentido sería el hecho de que no se puede mirar más allá de hoy porque se siente que hay una posibilidad muy fuerte de que no haya un mañana.

2. Apatía hacia las personas que cuida

Esta es una forma de desapego, pero no necesariamente una ausencia de cuidado porque como empático en algún nivel, siempre te importa. Pero las experiencias que han tenido los han preparado hasta el punto de que se han vuelto indiferentes a toda la experiencia. Eres más natural en la forma en que te preocupas y ayudas. Como tú indiferencia no viene de un lugar de malicia o mala voluntad, siempre aparecerás. Sin embargo, tu indiferencia ha sido construida como un muro para protegerte de la tragedia que ya estás esperando, de modo que cuando suceda, no te veas tan visiblemente afectado por ella. Si te estás sintiendo así, debes saber que probablemente estás experimentando fatiga por compasión.

3. Niveles de estrés elevados

Ante la tragedia, experimentamos muchas cosas emocionalmente. Estas emociones causan estrés. Ahora existe el nivel de estrés normal de la persona promedio y luego tiene niveles de estrés anormales. La fatiga por compasión desencadena un alto nivel de estrés incluso en situaciones que tienen muy pocas similitudes con los eventos que puede llamar el punto cero de su trauma emocional. Además de todos los otros síntomas mencionados aquí, si descubre que está reaccionando de manera adversa al estrés, como falta de aliento, incapacidad para concentrarse, ansiedad severa y ataques de pánico, está teniendo fatiga por compasión.

4. Pesadillas e interrupción de las rutinas de sueño

Las pesadillas y un cambio en la rutina de sueño son típicamente un signo de una lucha interna con algún tipo de trauma emocional no resuelto. Al lidiar con el dolor de otras personas desencadena pesadillas e insomnio, es posible que esté teniendo un agotamiento emocional. Su mente es incapaz de lidiar con la situación y aún peor, es incapaz de lidiar con el hecho de que no puede lidiar con la situación.... una pesadilla clásica para los empáticos.

5. Luchando con sentimientos de Autocontrol

Los empáticos ya tienen algo con los viajes de culpabilidad. Cuando llegan al punto de fatiga por compasión, esta culpa se convierte en auto desprecio al sentir una sensación de desilusión por sus insuficiencias. Esto se debe a que los empáticos miden su sentido de autoestima con su capacidad para proporcionar ayuda y "arreglar" las cosas. Si no lo hace, la duda de sí mismo se convierte en culpa y se convierte en desprecio.

Si observas todos los síntomas enumerados, verás la progresión de la lucha interna provocada por la fatiga de la compasión. Una experiencia externa se convierte en una lucha interna que se convierte en todo sobre ellos, lo que puede ser bastante egoísta y una fuerte contradicción con su naturaleza normalmente desinteresada. La lucha interna es lo que los mantiene en esa "habitación" de la que hablamos antes. Les resulta difícil salir de este espacio mental que han creado porque se han adornado con la figura de una víctima. De alguna manera, esta cosa que era totalmente sobre ellos ahora los ha convertido en la víctima. En el siguiente capítulo, discutiremos esto en detalle.

Ten cuidado: El Complejo de la Víctima

La autocompasión es una experiencia normal para todos. Tenemos momentos en los que caemos en ese agujero de "la pena es mía", pero mientras no te aferres a ese sombrero durante más tiempo del necesario, vas a estar bien. El complejo de víctima, por otro lado, es elegir acostarse en una cama de miseria, cubriéndose con sus fracasos o con la lista de todo lo que ha ido mal y simplemente yaciendo en ella. Para un empático, tener un caso de fatiga compasiva puede crear una transición a una experiencia compleja de víctima en toda regla. La experiencia general del complejo de la víctima vería a la persona que lo experimenta aplazando toda la responsabilidad a todos y a todo menos a sí misma. Pero en el caso de los empáticos, ellos asumen toda la culpa de todo y luego de alguna manera hacen toda la experiencia sobre ellos. Sé que esto parece un poco confuso, pero déjame explicarlo de todos modos.

Un complejo de víctima empática no se trata de convertirse en la estrella del espectáculo renunciando a cualquier culpa o responsabilidad que se les haya asignado. No usan la corona de sed-is-me para hacer que otras personas sientan lástima por ellos. Si acaso, odiasen ser esa persona porque hay una posibilidad muy fuerte de que traten con esa gente de manera regular. El complejo de víctima para los empáticos llega cuando internalizan sus fracasos, almacenan el dolor que han absorbido en el exterior y luego lo idolatran en el interior. La mayoría de los empáticos heridos tienen un complejo de víctima. No tienen la resiliencia necesaria para hacer frente a sus fracasos personales. Ahora déjame digerir un poco aquí. Un fracaso personal para un empático va más allá de su incapacidad para completar con éxito un proyecto. Ese tipo de fracaso es uno con el que pueden lidiar. Pero cuando son incapaces de arreglar los proyectos de su gente, ese tipo de fracaso se filtra profundamente en sus mentes y lo toman como algo personal. Pueden estar tan obsesionados con ella que trabajan el doble de duro para "redimirse" con los proyectos de otras personas.

Además del mayor riesgo de fracaso asociado a la contratación de un proyecto con más personas, existe el problema de no abordar el fracaso inicial. Como resultado, cualquier proyecto de personas que se emprenda sólo se hará eco del fracaso y cuanto más tiempo se ocupen de ello, más intensa será la situación. La intensidad de las emociones experimentadas llevaría a un agotamiento emocional que ahora hemos identificado como fatiga de compasión que nos lleva a donde estamos ahora. Un complejo de víctima suena como algo inofensivo, pero aquí está la parte que estoy bastante seguro de que no sabías. El complejo de víctima es el elemento que mantiene las ruedas girando en este ciclo autodestructivo. Son los barrotes que te mantienen encerrado en esa habitación "segura" los que te impiden vivir tu vida. Leí de un antiguo grupo religioso donde los creyentes o practicantes eran físicamente castigados cada vez que se equivocaban. Estos castigos eran tan terribles que tendrían dolor físico durante meses y meses. Las cicatrices que llevaban en sus cuerpos contaban historias de horror y trauma tan horrendas que se podría pensar que sirvieron en campos de esclavos o en algún tipo de cámara de tortura. La realidad es que todas estas lesiones fueron auto infligidas.

La necesidad de hacerse pagar por los fracasos percibidos al encerrarse en este refugio "seguro" es el equivalente emocional de las lesiones auto infligidas a esos creyentes. Tómese su libertad hoy mismo aprendiendo a priorizar su autocuidado tanto como valora el cuidado de otras personas. Lo más importante es que debes dejar de ver a las personas como proyectos que tienes que arreglar. He mencionado esto antes y después en el libro, lo discutiremos en profundidad. Pero si haces algo hoy, que sea que reconozcas tu importancia y que te trates a ti mismo como tal. Dicho esto, me gustaría que nos fijáramos en otro comportamiento autodestructivo que podría arruinar la vida de un empático

La verdad sobre la empatía y la adicción

La confusión emocional, así como la naturaleza intrínseca de la empatía, los convierten en un candidato perfecto para la adicción. Su necesidad de salir de sus propias cabezas cada dos días significa que están abiertos a probar mecanismos de afrontamiento que les ofrezcan esto. El hecho de que esta confusión emocional sea una lucha continua significa que es más probable que sigan volviendo para continuar usando este mecanismo de afrontamiento, especialmente si proporciona con éxito la solución temporal que necesitan. Cuando intentas algo por tanto tiempo, se convierte en una rutina. Con el tiempo, una rutina se convierte en un hábito y con los hábitos, especialmente los malos hábitos, te vuelves adicto. Un mecanismo de afrontamiento puede ser cualquier cosa, desde el uso de drogas hasta la comida reconfortante o ver porno. Y la cosa con estas cosas que he mencionado es que nunca lo ves como un problema hasta que es demasiado tarde.

En mi experiencia, la comida era mi vicio. Empezó inocentemente. Volvía a casa del trabajo, cansada y exhausta. Sin embargo, no importaba lo exhausta que estuviera, el sueño era algo que se me escapaba. Así que, me levantaba de la cama, me preparaba algo dulce en la cocina y luego me arrodillaba en el sofá y veía esos terribles programas de televisión. En esos momentos, estaba completamente tranquila, muy relajada y ciertamente sin pensar en el horrible día que tuve en el trabajo. Después de un tiempo, decidí mejorar mi comida en el sofá para que fuera algo más “lujoso". Pasaba por la pastelería de camino a casa y tomaba una variedad de dulces y luego repetía mi rutina frente al televisor. Unos meses más tarde, el sofá no se sentía lo suficientemente cómodo, así que conseguí una pantalla más grande y luego llevé el espectáculo a mi dormitorio. Durante la mayor parte del año, pasé las noches comiendo comida chatarra en la cama mientras veía la televisión chatarra. Como puedes imaginar, se me empezó a ver en la cintura. Mis ropas viejas dejaron de encajar conmigo y entonces empecé a sentirme más cohibido sobre cómo me veía.

Tenía amigos que eran demasiado educados para señalar los cambios físicos, pero podía ver la forma en que me miraban. Luego tuve “amigos" que no tuvieron problemas para decirme exactamente cómo se sentían. Sus palabras me hicieron sentir aún más horrible conmigo misma y cuando me sentí realmente mal, eso significó que pasé mucho más tiempo en la pastelería. Mi punto más bajo, que también resultó ser mi punto de inflexión, fue este día en particular cuando estaba comiendo este delicioso donut de camino a casa (había llegado al punto en que ya no podía esperar a llegar a casa). La dona se me resbaló de la mano y cayó al suelo. Probablemente eran alrededor de las 7 de la tarde y no había mucha gente en la calle. Lo sé porque miré a mi alrededor y luego hice lo impensable. Me agaché y recogí mi donut caído de la acera. Me lo soplé y me lo comí con la rodilla doblada en el suelo. En ese momento, vi mi reflejo en uno de los escaparates y no me gustó la persona que me estaba mirando. Para resumir, lloré mucho cuando llegué a casa y ese fue el comienzo de mi viaje hasta este punto en el que estoy escribiendo mi historia en un libro. Hoy en día, todavía tengo una adicción, pero he hecho un esfuerzo consciente para asegurar que mi adicción sea saludable. Tengo un hábito para diferentes estados de ánimo. Cuando estoy enfadado, pinto. Cuando me siento un poco triste, me subo a la cinta o me pongo los guantes de boxeo y me pongo un buen sudor. Cuando estoy ansioso, escribo.

Vas a tener que averiguar qué es lo que funciona para ti, pero debe comenzar admitiendo que este hábito aparentemente inofensivo que ha adquirido puede no ser del todo saludable para ti. La gente piensa que la droga es la única adicción dañina, he leído acerca de los empáticos que son adictos a la miseria a la que se enfrentan y que voluntariamente se auto-sabotean cualquier oportunidad que tengan de ser felices. Es triste dar testimonio, pero esta es la realidad. Cuando está experimentando esas inundaciones de emociones, ¿cuáles son las cosas que haces para enfrentarlas? ¿Esas cosas te agregan valor a medida que te hacen sentir mejor o te quitan algo valioso a cambio de hacerte sentir mejor? La adicción para los empáticos es un problema serio y necesita ser tomado en serio o de lo contrario terminaría complicando las cosas para ti. Hoy en día, la meta es sacarte de esa sensación de falsa seguridad que has creado para ti mismo. Este libro es una guía sobre cómo puedes sobrevivir en el mundo como empático. Para que eso suceda, necesitas salir de su enclave y entrar en el mundo real porque no sólo lo sobrevivirá, sino que prosperará en él.

Capítulo Cinco - Los Peligros de Ser Empático

En el capítulo anterior, exploramos algunos de los peligros de ser empático. En este capítulo vamos a ahondar en el lado oscuro de las cosas. Hasta este punto, los empáticos han sido considerados como seres en posesión de poder sobrenatural. Eso es genial y honestamente desearía que fuera así el 100% de las veces, pero hay un precio que empatiza y que va más allá de las luchas emocionales que tenemos. Debido a la intrincada naturaleza de la empatía, tienden a atraer a cierto tipo de gente. Hemos hablado de la necesidad de que el empático arregle a la gente. Siempre que se encuentran con personas con luchas emocionales y algún dolor psicológico, el primer instinto es querer ayudar, pero olvidamos que no todas las personas que vienen a nosotros quieren ser ayudadas. Algunas personas están programadas o para ser más específicos, están programadas emocionalmente para aprovechar la ayuda que deseamos ofrecer y aquí es donde comienza el problema.

El deseo de querer ayudar atrae a un tipo específico de personas y, en la mayoría de los casos, estas personas caen en la categoría de aquellas con una necesidad psicológica de aprovecharse de otras. A veces estas relaciones comienzan con buenas intenciones. Pero con el tiempo, su naturaleza depredadora rápidamente toma el control y terminan destruyendo la empatía desde dentro. Este es el peligro al que se enfrentan todos los empáticos. En el capítulo anterior, hablé de ciertos tipos de personas que los empáticos deben evitar y una de esas personas es el narcisista. El narcisista es una raza especial de individuos y sus cualidades van más allá de su amor por sí mismos. Son reconocidos por sus habilidades para manipular magistralmente a la gente para que cumpla sus órdenes y la naturaleza de la empatía los hace más propensos a las manipulaciones de un narcisista.

Identificar a un narcisista

De la literatura antigua, se nos hace creer que un narcisista es alguien que es vanidoso; una persona que está obsesionada con su aspecto físico y con la forma en que se presenta al mundo. En psicología, es mucho más profundo que eso, ya que los narcisistas toman una forma diferente. Una de sus cualidades poco atractivas es el hecho de que tienen un gran sentido de la autoimportancia, pero para alguien que no es muy observador, este atributo no es algo que se pueda percibir de inmediato. Su mentalidad de víctima proporciona una gran máscara para su verdadera personalidad, pero, lo que es más importante, tienen una forma de integrarse perfectamente con el resto de la sociedad, lo que dificulta en cierta medida su identificación. Algunos narcisistas son simplemente inofensivos en sus relaciones. Los narcisistas que caen en esta categoría son personas que son conscientes de sí mismas y que han trabajado en su lado negativo. Pero luego están los narcisistas en el otro espectro que son terribles como compañeros porque su sentido de autoimportancia es tan grande que están dispuestos a comprometer los sentimientos y emociones de otras personas sólo para satisfacer sus propias necesidades. Los narcisistas son egoístas, engreídos y santurrones, pero irónicamente, son la lista de personas conscientes de sí mismas.

Basado en la descripción que he dado, estoy seguro de que puedes entender por qué los narcisistas son personas que pueden ser muy difíciles de tratar, incluso para alguien que no es un empático. Sin embargo, si eres capaz de entenderlos, tienes un mejor sentido de cómo relacionarte con ellos, especialmente si eres un empático. Según la psicología, hay diferentes tipos de narcisistas. Tienes al grandioso narcisista. Estos tipos son básicamente personas que tienen un gran ego. Para tratar con ellos, necesitas ofrecer mucha atención en forma de elogios. Esto alimenta su ego y los hace mucho más manejables en las relaciones. Luego están los narcisistas vulnerables. Puedes identificarlos por la mentalidad de víctima que parecen llevar como una placa. Todo lo que sucede en la vida parece girar en torno a ellos. Podría estar lloviendo en algún lugar de China y causar inundaciones en algunas aldeas, pero el narcisista vulnerable que vive a unos pocos continentes de distancia encontraría la manera de conseguirlo. Tienen una tendencia muy alta a quejarse de cualquier cosa y de todo. Para manejar una relación con ellos, se les debe prestar atención en forma de apoyo emocional. Y finalmente, están los narcisistas malignos. Estos tipos son los que hay que vigilar. Los otros dos tipos de narcisistas mencionados anteriormente pueden ser emocionalmente agotadores, pero en cuanto a los daños, siempre y cuando se les pueda dar lo que quieren en términos de sus necesidades emocionales, están bien. Los narcisistas malignos, por otro lado, muestran una falta de empatía a un nivel tan alto que los psicólogos los comparan con los psicópatas.

Para identificar al narcisista maligno en tu vida necesitarías estar muy atento. Como dije antes, un narcisista tiene una forma de mezclarse con todo el mundo. Por lo tanto, no hay factores que los diferencien de los demás. De hecho, los psicólogos creen que los narcisistas suelen ser más felices que la mayoría de las personas a las que se les ha diagnosticado algún tipo de trastorno psicológico. Para mantener las cosas en perspectiva, compilé una lista que te ayudará a identificar a un narcisista específicamente, el narcisista maligno. Esta lista se basa en ciertos rasgos. Sin embargo, necesitas un psicólogo clínico para diagnosticar con precisión a un narcisista maligno, pero hasta que eso suceda, aquí hay algunas señales de alerta que deberían hacerle desconfiar de cualquier persona que muestre más de uno de estos rasgos.

1. Tienen un fuerte sentido de la autoimportancia
2. Están muy obsesionados con su idea de lo que consideran ideal (la esposa ideal, el amigo ideal, el amor ideal, la relación ideal).

3. Tienen un fuerte sentido del derecho
4. Tienen una expectativa poco realista sobre las cosas en general
5. Tienen tendencia a usar a otras personas para conseguir lo que quieren.
6. Son muy manipuladores
7. Carecen de empatía y muestran una falta de voluntad para reconocer las necesidades y emociones de otras personas.

Hay un dicho general que dice que los opuestos se atraen. Tal vez este sea el fundamento de la relación entre los narcisistas y un empático, porque, a nivel superficial, es difícil determinar por qué alguien tan sensible y generoso como un empático se enamorará de alguien tan frío y calculador como un narcisista, pero cuando se explora la dinámica de la relación, tiene sentido por qué estos dos opuestos se atraen entre sí. Sin embargo, esta relación sólo puede describirse como una receta para el desastre. Para entender mejor por qué esto continúa sucediendo, sentí que sería importante ver por qué estas dos personas se elegirían entre sí y para determinar eso, necesitamos ver qué es lo que cada personalidad podría ganar de esta relación.

Por qué los narcisistas se sienten atraídos por los empáticos

Si miras los rasgos de un narcisista, verás que para ellos cada relación en la que entran es una transacción comercial unilateral diseñada para favorecer a una sola parte. Te dejo con una sola suposición de quién es esa fiesta. Un típico narcisista maligno es muy calculador y nunca entran en nada sin un plan sobre cómo pueden tomar. Desde el principio, pueden reconocer instintivamente a las personas que les harían pasar un mal rato para lograr sus objetivos. Odian a las personas que no pueden manipular y en el lugar de trabajo, o en entornos donde se les exige que se unan a otras personas, uno encontraría al narcisista en desacuerdo con este tipo de personas. Para ver lo que le atrae a un narcisista, veamos cómo funcionan las relaciones con un narcisista.

Cuando a un narcisista le gusta alguien, se le enciende su encanto y por un breve momento, esa persona se siente como si fuera la persona más especial del mundo. En este lapso, el narcisista empuja suavemente para sentir su nivel de resistencia. Cuanto más débil es, más empujan. En esta etapa, seguirían manteniendo su fachada encantadora, y, cuando llegan a un punto en el que están absolutamente seguros de que esta persona está cautivada con ellos, su naturaleza sádica y sus verdaderas intenciones comenzarían a manifestarse. El exterior encantador que presentaban desaparece por completo o es utilizado como una forma de recompensa enferma por un comportamiento que consideran bueno. Este patrón de relación se desarrollar hasta que el narcisista se canse o hasta que los empáticos se despierten del hechizo que los cubrió. En algunos casos, suele terminar en tragedia. Dicho esto, veamos aquellas características que actúan como un imán para los narcisistas.

Un narcisista se siente atraído por alguien que;

- Es muy generoso emocional y físicamente
- Tiende a anteponer las necesidades de los demás a las suyas propias
- No se enfrenta a la gente que les importa
- No es antisocial pero tampoco muy social debido a su timidez.
- Tiene un fuerte sentido de lealtad
- Es emocionalmente sensible y algo frágil
- Se mueve fácilmente para actuar sobre las necesidades emocionales de los demás

Si te diste cuenta, todos estos son rasgos comunes de los empáticos.

Por qué se atraen la empatía hacia los narcisistas

¿Por qué a las chicas buenas les gustan los chicos malos y por qué los chicos buenos se enamoran de chicas realmente malas? Esta es la pregunta que me viene a la mente cuando pienso en empáticos saliendo con narcisistas. Pero después de estar en una relación como esta, entiendo por qué salí con esta persona. Los empáticos son arregladores de personas y nos sentimos naturalmente atraídos por las personas que creemos que lo nuevo puede arreglar. El narcisista puede encender su encanto al máximo, pero en cierto nivel, creo que un empático siempre puede sentir el daño que hay debajo. Y es este daño el que nos arrastra. Nos alimentamos de que vamos a ser esa persona especial que los arregla y los hace buenos. Cada gesto que es bueno y justo hacia nosotros sigue para cimentar o afirmar esta ilusión que hemos creado y cada lucha es interpretada como una de las cosas que tenemos que tolerar hasta que alcancemos nuestras metas. Si nos detenemos en esta ilusión el tiempo suficiente, las líneas entre la realidad y la ficción se desdibujan y esa ilusión se convierte en una realidad viviente que respira.

La atracción principal en todo esto para un empático tiene que ser la persona dañina que sentimos. Y entonces lo siguiente sería la necesidad de castigarnos a nosotros mismos cuando fracasamos en los proyectos de nuestra gente. Excepto en esta situación, la persona que recibe el castigo es la figura narcisista de nuestras vidas. Creo que la última pieza de este rompecabezas sería el hecho de que los empáticos se alimentan de emociones y el ego de un narcisista se alimenta de gente que se alimenta de sus emociones. Esto parece ser una relación simbiótica de la manera más insana, ya que una de las partes está siendo alimentada con alimentos mientras que la otra parte está recibiendo toxinas.

Como empático que lee esto, estoy seguro de que habrás reconocido un patrón similar de comportamiento que se exhibió en su relación anterior o actual. Para aquellos cuya relación previa mostró este patrón, agradece que esquivaste una bala. Si necesitas hablar con un psicólogo para que te ayude a sanar del daño de esa relación (habrá daños), no dudes en hablar con alguien. Cierra el ciclo, encuéntrate a ti mismo de nuevo y dejarlo ir. Si esta es tu relación actual, puede que sea hora de que la abandones. Esta no es una situación saludable para ti. Si aún no has sido separado de tus amigos y familiares en los que confías (este es un movimiento narcisista clásico), necesitas acercarte a alguien y pedirle una intervención. Por lo menos, tome un descanso temporal de esta persona. No esperes que esto suceda sin una reacción negativa del narcisista porque su ego estaría magullado y querrían redimirlo.

Señales de Empatía con un Vampiro Emocional

Si estás fuera de la dinámica de observación de la relación entre un empático y un narcisista, no es difícil ver de dónde viene el dolor y hacia dónde va. Los narcisistas son emocionalmente agotadores y, sin embargo, la empatía permanece en esa relación de todos modos. Siendo un observador de mis propias relaciones pasadas, puedo señalar el momento exacto en el que me di cuenta de que las cosas estaban yendo terriblemente mal. No importa lo bien que se presente un narcisista, hay señales incluso desde el principio. Sólo debes tener la mente abierta y dejar ir cualquier ilusión que puedas tener. Esta es la parte más difícil, pero hablaremos de ello en el próximo segmento. Por ahora, déjennos ver esas señales que pueden decirles inmediatamente que la relación en la que están los está destruyendo desde adentro.

1. Estás peleando una batalla en solitario

Para empezar, quieres el crecimiento de la persona más que ellos. Hay un dicho general que dice que se puede llevar al caballo al agua, pero no se le puede obligar a beber. El crecimiento individual es algo que tenemos que desear para nosotros mismos. Ahora, entiendo que como empático, podemos ver los lados de una persona que no mucha gente ve porque miramos hacia adentro y no hacia afuera. El problema es que la persona que vemos en el interior es la persona en la que tiene el potencial de llegar a ser, sin embargo, lo vemos como una realidad y nos comprometemos con esa ilusión. Si ellos no pueden ver lo que ves, no hay nada que se pueda hacer para cambiar las cosas. Reconozca esto.

2. Todo en su relación parece ser sobre ellos.

Una relación es una calle de doble sentido. Mientras sean 2 personas involucradas, es importante que las necesidades, opiniones y sentimientos de las partes involucradas sean reconocidas y atendidas en forma igualitaria. Cualquier otra cosa significaría que una parte se está beneficiando y la otra parte está sufriendo. Los empáticos tienen una tendencia a ser adictos al sufrimiento que normalmente se infligen a sí mismos. Esto es lo suficientemente difícil como para no mencionar lo insalubre que es lidiar por tu cuenta, pero si estás en una relación y esto es por lo que estás pasando, lo más probable es que tengas un vampiro emocional en tu vida que te está explotando por todo lo que tienes. Puede que sea el momento de dejar esa relación.

3. Tienen un sentido general de derecho

El hecho de que estés en una relación con alguien no significa que le deba algo. Las personas se reúnen por razones mutuamente beneficiosas, sin embargo, no debería haber ningún sentido de derecho en cuanto al cumplimiento de esas razones. Tú eres tu propia persona. Lo que hagas con tu tiempo y cómo lo hagas es exactamente asunto tuyo. Si alguien trata de forzar sus necesidades sobre ti, eso es una señal de alarma.

4. La arrogancia de la persona con la que estás tratando bordea un juego de poder

Algunas personas son generalmente arrogantes, todos tenemos nuestro orgullo y egos. Pero cuando una persona se vuelve condescendiente en su comportamiento hacia ti, se vuelve insana. Te mereces ser respetado como una persona y una relación donde no hay respeto excepto cuando estás tratando con las opiniones y pensamientos de la otra persona cambia de una unión amorosa a una situación de tipo esclavo y amo.

5. Tu vida social está siendo controlada por la otra persona

Como empáticos, tenemos nuestros períodos de aislamiento. Sin embargo, no somos introvertidos por elección. Siempre tenemos ese círculo de amigos o familiares o personas con las que nos conectamos en general. El narcisista en nuestras vidas trabajaría duro para asegurar que estemos desconectados de las personas que nos importan. Para ellos, tener una empatía aislada de su red social los haría más maleables a sus manipulaciones. También sienten que va a haber menos interrupciones de esta manera. **Cómo dejar de ser un objetivo de los vampiros emocionales y energéticos**

Según mi experiencia, la palabra más difícil de decir para un empático, que casualmente también resulta ser la palabra mágica que puede hacer que la vida sea significativamente mejor para ellos, es la palabra “no". Aparte de la capacidad de decir no a la gente. Creo que al reconocer estas señales que enumeré anteriormente, te estás poniendo en el camino correcto para evitar que te metas en relaciones tóxicas. Ahora que puede detectar una relación abusiva, aquí hay algunas cosas más que puedes hacer para protegerte.

1. Educarse sobre los conceptos de una relación ideal

Los narcisistas, proyectan su propia percepción de una relación. Desafortunadamente, a menudo se basa en sus experiencias personales con las personas. Esto puede estar mal porque la mayoría de las veces, su relación con las personas tiende a tener este componente parasitario en el que una persona se alimenta de la otra persona. Las relaciones sanas no funcionan así. Hoy, les insto a que lean sobre los materiales de las relaciones; vayan a Internet, lean libros y presten atención a las parejas saludables en su vida. Deja que las cosas que descubras te guíen a cómo debe ser una relación sana y normal.

2. No ignores tus instintos.

Uno de los maravillosos dones que tenemos como empáticos es la habilidad de leer con precisión a las personas, sin embargo, cuando nuestras emociones están involucradas, pasamos por alto la información que nuestros instintos están tratando de transmitirnos. Ignoramos nuestras entrañas y nos concentramos en las ilusiones que hemos construido alrededor de la relación y cuando esto sucede, incluso cuando vemos banderas rojas físicas que nos señalan hacia la toxicidad de la relación que todavía elegimos mantener. Una de las muchas cosas importantes que vas a aprender para cuando termines de leer este libro es que tu instinto como empático es poderoso y también es una de las fuerzas guía en tu vida. A partir de este punto, tienes que aprender a prestar atención a lo que la voz interior está diciendo.

3. Dejar de tratar a las personas como proyectos que necesitan ser corregidos

Cuando entramos en una relación, vemos a una persona como una tarea para conseguir algunos puntos mentales si logramos arreglarlos. Cuando una persona se convierte en un proyecto, no vemos el elemento humano y, a menudo, ese elemento humano es la capacidad de oscurecer emocionalmente. Tener ese tipo de mentalidad a menudo nos mete en problemas porque cuando dejas de ver a una persona como una persona real, estarías ciego a su potencial para lastimarte. Te quedas atrapado en la imagen que has creado en tu cabeza. Su debilidad es su atracción mortal hacia las personas que están dañadas y son emocionalmente inestables. Reconozca esto y haga esfuerzos para corregirlo lo antes posible.

4. Conoce a una persona antes de que decidas salir con ella

Se pueden evitar muchos errores si se toma el tiempo para conocer a la persona con la que se está comprometiendo. Pueden presentar un exterior falso inicialmente, pero con el tiempo que han creado deliberadamente para llegar a conocerse, pueden despegarse con éxito de esas capas y llegar a ver quiénes son realmente. Esta es una regla de oro para todo tipo de relaciones, pero es especialmente importante para los empáticos.

5. Enséñese a desear lo mejor

La mayoría de los empáticos sienten que es engreído querer o desear cosas buenas y esto es comprensible ya que va en contra de su naturaleza que pone a todos por delante de sí mismos. Pero si quieres evitar las relaciones tóxicas, es importante que no sólo seas capaz de reconocer las cosas buenas y a la gente buena, sino que también seas capaz de querer esas cosas buenas para ti mismo. Te mereces la felicidad. Siempre recuérdate a ti mismo que no importa cuánto des de ti mismo, no puedes hacer que alguien que es malo por naturaleza se convierta en bueno. Es como beber veneno con la esperanza de que cuando el veneno llegue a tu estómago, se convierta en una bebida refrescante. No tiene sentido.

Capítulo Seis - Sanando el Corazón de Empatía

No soy la clase de persona a la que le gusta tener autocompasión, pero creo que en este lugar donde estamos ahora mismo, sería justo reconocer la lucha emocional por la que todos pasamos como empatía. Después de descomprimir todo lo que hice en el último capítulo, siento que este es el momento adecuado para simplemente poner una pausa en todo e inhalar.... respirar en el momento. La vida es realmente hermosa. Y sólo podemos disfrutarlo si podemos salir de nuestras cabezas por un momento. Debido a que soy una empática, entiendo que vivir fuera de nuestras cabezas no es realmente un lujo que podamos permitirnos, especialmente porque tenemos que tratar con la gente y sus emociones día por medio. Pero eso está bien. Necesitamos estas emociones en otros para alimentar el don que tenemos en nuestro interior, sin embargo, a medida que pasamos por estas emociones es importante tener un equilibrio en el que no sólo dejemos ir las cosas dolorosas e hirientes que sentimos, sino que encontremos una manera de sanar nuestros corazones.

En el primer capítulo de este libro, hablé sobre algunos de los conceptos erróneos que la gente tiene sobre los empáticos. Uno de esos conceptos erróneos es la idea de que los empáticos son personas rotas. A veces el dolor que llevamos no es nuestro dolor. ¿Recuerdas el efecto espejo? Estos son sentimientos que absorbemos de otras personas y si no tratamos con esos sentimientos, podríamos terminar con una crisis en nuestras manos. ¿Cuál es el sentido de todo esto? La sanación en este sentido no significa necesariamente que estemos quebrantados. La sanación para nosotros es una manera de ordenar las emociones; una manera de relajarse y calmarse está en nosotros mismos. La curación de un empático es más que una actividad biológica provocada por el dolor. Es un camino hacia nuestro bienestar emocional equilibrado.

5 actividades de sanación para que los empáticos se relajen

Hay diferentes tipos de empatía (ya hemos visto más de un puñado de ellos) y la clave para su curación suele residir en su naturaleza intrínseca. Para el empático compasivo, su camino hacia la curación probablemente podría encontrarse en actividades que recompensan su necesidad de ayudar a la gente. Por lo tanto, algo tan simple como servir sopa en un refugio para personas sin hogar sería relajante. Para los empáticos físicos, las actividades que involucran conectarse con la gente, especialmente cuando el foco de la conexión es la sanación, serían útiles. Tales actividades pueden ser un buen masaje corporal o una sesión de Reiki. Para los empáticos con los animales; el solo hecho de pasar un día disfrutando de una actividad divertida con sus mascotas favoritas puede hacer muchas maravillas para su salud mental. Estas cosas que he mencionado son únicas de la naturaleza de la empatía

Sin embargo, hay actividades generales simples que los empáticos pueden llevar a cabo que los llevarán a ese lugar donde pueden empezar a experimentar la curación internamente Recuerda que la curación de un empático no es iniciada por una droga o el uso de una sustancia sin importar cuán suave sea. No necesitas empezar a hacer algo que podría volverse adictivo. Sin embargo, he creado una lista de 5 actividades generales que pueden ayudarte a llegar a un lugar de calma. Use esto como una guía. El objetivo es que al final del segmento, pueda relacionarse con más de una o dos actividades de esa lista. Recuerde que su bienestar emocional es muy importante. Si alguna vez vas a disfrutar de tus dones como empático, necesitas aprender a relajarte.

1. Comenzar a escribir en un diario

Llevar un diario es una actividad terapéutica que tal vez no se dé cuenta de que necesita. Es una excelente manera de sacarte de tu cabeza. Si eres observador, te habrás dado cuenta de que he usado mucho esta frase "sal de tu cabeza". Lo que quiero decir es salir de ese espacio mental donde estás constantemente procesando emociones. Sé que como empático necesitas lidiar con diferentes tipos de emociones al mismo tiempo. Si mantienes ese proceso dentro de tu cabeza, especialmente durante un largo período de tiempo, es muy probable que termines estresado. No muchos empáticos tienen amigos con los que puedan hablar o personas que entiendan por lo que están pasando. Un diario le permite escribir sus pensamientos y ordenar sus sentimientos sin tener que lidiar con la reacción de procesar esas diversas emociones. Es una experiencia relajante, ya que le da enfoque y cuando tienes enfoque, estás más en control de lo que siente y cómo le afecta.

2. Libera a tu artista interior

Esta parte puede ser un poco difícil de entender. Pero esto es lo que quiero decir. Cuando estás pasando por una de esas experiencias emocionales, puedes tomar ese dolor y convertirlo en arte participando en actividades que requieren que seas creativo. Esto podría ser una actividad como escribir un poema, pintar o algo así como carpintería. Ahora date cuenta de esto, no se trata de lo que tú creas. Se trata del proceso. Por experiencia, este proceso crea lo que yo llamo transferencia de energía. Esa emoción negativa que sientes se convierte en un proceso creativo que tiene el potencial de convertirse en arte. No tienes que aspirar a hacer algo grande (que sólo agravaría el estrés), puede ser algo tan simple como salpicar colores en un tablero o jugar con las palabras. Estas son formas muy buenas de ayudarte de nuevo, de salir de tu cabeza.

3. Defiende una causa que te importa

Sabes que quieres hacer la diferencia y aliviar el sufrimiento de la gente. Tomarse un momento para dar hacia una causa que es importante para puede tener un efecto relajante en ti. Si prefieres ser práctico, puedes ser voluntario por unos minutos u horas (dependiendo de tu horario). Te ayuda a cuidar su instinto de "proyectar a la gente" mientras le da una distancia adecuada.

4. Cambie su rutina

Los empáticos son criaturas de hábitos. Se sienten seguros en esas rutinas a pesar de que esas rutinas pueden no ser buenas para su salud mental y física a largo plazo (¿recuerdas mi experiencia con el sofá y la pastelería?). Romper con la rutina puede sonar aterrador, pero cuando das el paso, el resultado puede ser exultante. Sin embargo, una palabra de precaución. Asegúrese de que la nueva rutina a la que se apunta sea beneficiosa para su salud mental.

5. Meditación

Esta lista no estaría completa si no hubiera una mención de la meditación. Si aprendes a hacerlo bien, puedes inducir un estado de completa calma sin importar lo estresado que te sientas. Incluye palabras de afirmación como parte de su rutina de meditación para que la experiencia de meditación sea aún más relajante. Encontré mi paz en Reiki, un viaje de sanación energética que realizo diariamente.

Pasos para sanar sus desencadenantes emocionales

Los desencadenantes emocionales son eventos, recuerdos, lugares o incluso palabras que en el momento en que los ves, invocan un tipo específico de reacción emocional. Cuando algo te sucede, nuestros cerebros crean vías neurales (es por eso por lo que tener nuevas experiencias en forma regular es bueno para ti) y cuando esas experiencias son negativas, la emoción que experimentaste en ese momento se registra y cada vez que algo similar sucede, te transportas inmediatamente a ese momento. Es por eso por lo que puedes percibir algo como decir una fragancia y te transportas a una época de tu infancia en la que alguien importante en tu vida hizo algo mientras usaba esa fragancia. Las emociones desencadenadas pueden ser buenas o malas, esto está determinado por la experiencia que has tenido.

Obviamente, te sentirías cómodo reviviendo buenas emociones a menos que llegue a un punto en el que esos recuerdos te impidan seguir adelante con su vida. Las emociones negativas nos afectan de muchas maneras y esas casi nunca son buenas. Personalmente, creo que lo único bueno que proviene de las experiencias negativas son las lecciones que proporcionan. Cualesquiera que sean las emociones que se estén desencadenando, el hecho es que estás siendo retenido de seguir adelante y vivir su mejor vida ahora. La mejor manera de avanzar es hacer lo siguiente;

1. Permanecer en el momento

Deja de hacer un viaje por el carril de los recuerdos. Si ocurre un evento que le hace pensar en el pasado, no se aferre a él. Concéntrate en lo que está sucediendo. No dejes que las emociones que provocan te retengan y, lo que es más importante, no veas tu presente como una oportunidad para vengarte de tu pasado. Aborde la situación a medida que se presenta.

2. No intentes controlar la situación

El control es una ilusión y si compras en esta ilusión, aumenta el estrés y la ansiedad que viene con revivir los desencadenantes emocionales. Acepta que no puedes controlar lo que te está pasando, no puedes controlar a nadie involucrado en la situación que te está afectando, sin embargo, tu experiencia no tiene que estar determinada por esta cosa por la que estás pasando. Suena como una contracción, pero esto es lo que quiero decir. Tienes la opción de cómo se siente porque eso es sobre lo que tiene control. La felicidad o la tristeza que sientes y cuánto tiempo sientes esas cosas es determinada por ti. Así que, abandona la situación, pero controla tus emociones.

3. No huyas de ella.

Hay un dicho que dice que la salpicadura de agua de la que huyes hoy podría convertirse en la piscina que te ahoga mañana. Puede ser doloroso confrontar nuestros sentimientos. Pero es en esa confrontación donde encontrarán la verdad y ya saben lo que dicen sobre la verdad y la libertad. Y esto nos lleva al siguiente punto.

4. Conozca su verdad

Érase una vez, la gente pensó que el mundo era plano. Esto les impidió seguir lo que habría sido una aventura asombrosa y permanecieron donde están porque estaban enjaulados por esta "realidad". Pero cuando algunos valientes científicos fueron capaces de refutar esta teoría, la humanidad fue liberada para explorar los confines de la tierra. Los desencadenantes emocionales pueden estar basados en mitos que se ha alimentado a sí mismo y, por lo tanto, cada vez que se enfrenta a una situación que desencadena esas emociones, estás atrapado en lo que siente. Rompa el ciclo refutando esos mitos. El resultado puede no ser algo que les guste, pero sea lo que sea, pueden llegar a ser dueños de su verdad.

5. Acepta todas tus peculiaridades

La vida es una bola de fuego de giros y giros inesperados y puede golpearnos en cualquier momento. La gente en nuestras vidas venía y se iba. No puedes aferrarte a un recuerdo o a una persona porque tienes miedo de lo que te pasaría después de dejarlos ir. Este miedo se debe principalmente a que no has llegado a un lugar de aceptación. Eres inusual, eres único y las experiencias que tienes son locas, pero eso es lo que te hace excepcional. Al abrazarte a ti mismo, inclínate a amarte más a ti mismo. Cuando te amas a ti mismo, todo lo demás que te sucede es secundario.

Técnicas poderosas para la curación y la autoprotección

El ajuste predeterminado de cualquier persona cuando se siente amenazada es ir a un lugar donde se sienta segura. Es posible que no siempre tenga el lujo de correr a su espacio seguro. Entonces, ¿a qué te dedicas? Detente. Tómese un tiempo y relájese. Estas poderosas técnicas que he aprendido se han convertido en un mecanismo de afrontamiento para mí y no puedo recordar un momento de mi vida en el que haya sido más feliz.

Afirmaciones

Estamos hechos de las palabras que nos decimos a nosotros mismos. Si no te hablas a ti mismo, las palabras que otras personas te hablan se convertirán en el fundamento sobre el que se construye tu vida. Y sabemos que el mundo puede ser un lugar cruel. Algunas de las cosas negativas que la gente te dice no vienen de un lugar de malicia. Simplemente no saben lo que hacen. Pero a pesar de las intenciones detrás de sus palabras, no quieres dejar tu paz y cordura a las palabras de la gente. Las afirmaciones son palabras que dices para cargar su energía y a veces cancelan las palabras negativas que la gente habla hacia ti. Comienzo mi día con el siguiente canto;

"Soy un fuerte y poderoso componente en el universo y he sido facultado para tomar el control de mi día"

Encuentra frases y palabras positivas con las que te conectes. Cuando te sientas abrumado por tus emociones o por las actividades que están sucediendo a tu alrededor, habla esas palabras y absorbe la energía que te dan.

Trae alegría a tu vida

Si has estado esperando a esa persona cuya conexión traería alegría a tu vida, has estado buscando en el lugar equivocado. La única persona que necesitas para completar tu vida eres tú. Tienes que dejar de esperar el permiso de otra persona para ser feliz. Esto es algo con lo que vas a tener que lidiar por ti mismo. A los empáticos no les gusta esta verdad, pero créanme, en el momento en que la acepten, activarán la sanación en ustedes que es tan profunda. También te protegería de enamorarte de cualquiera que aparezca en tu radar. Empieza a hacer las cosas que te gustan, planea esas vacaciones de ensueño, toma esa clase de cocina. La vida es demasiado bella para pasarla esperando. Vive tu mejor vida ahora.

Conéctese con la naturaleza

No creo que haya muchas cosas tan refrescantes como conectarse con la naturaleza. Revitaliza tu alma y te deja sintiéndote elevado. Un simple paseo por el bosque puede dejarte mentalmente estresado. Rodearse de naturaleza es como enterrarse en la madre tierra. Esto es simbólico de estar en el vientre materno, que es uno de los lugares más seguros que hemos conocido. Cuando estés allí, absorbe la energía tranquila de lo que te rodea. Si se encuentra en la playa, escuche los sonidos de las olas estrellándose en la orilla. Imagínate tus miedos y tu ansiedad destrozados por esas olas y deja que el alivio te bañe. Acepten las bendiciones y las energías de protección que reciben y crean que son amados y protegidos. Experimentarías una sensación de salubridad.

Determine sus límites

Los empáticos luchan con una sensación de falta de control. Esta es la causa de la confusión emocional que siempre están experimentando. Se siente como si el mundo y los acontecimientos a su alrededor ocurrieran sin su consentimiento. Esto los deja en un estado de dolor, dolor y trauma emocional. Para superar esto, es importante que te recuerdes a ti mismo diariamente que todo y cualquier cosa que te suceda sucede con tu permiso. Está perfectamente bien decir que no. Ponga el 'no' ahí fuera y deje que ese sea su límite. Cuando te sientes cansado y no quieres seguir adelante en términos de tratar con la gente y su drama, está bien decir que no. No dejes que tu miedo a la percepción de los demás controle tu reacción. Baja los pies y no digas más de lo que normalmente dirías. La esencia de este ejercicio es empoderarte y llevarte a ese lugar donde puedes abrazar el control que tienes sobre tu vida.

Afirmaciones positivas que todos los empáticos deben saber

Con cada capítulo y segmento de este libro, estoy seguro de que tienes un conocimiento más íntimo de ti mismo. Ahora con ese conocimiento viene la necesidad de tomar acción. Ya sabes lo que dicen, el conocimiento sin acción es inútil. Pero antes de que lleguemos a la parte en la que empiezas a actuar con la información y sabiduría que has recibido, comencemos ese viaje empoderando a la persona hermosa dentro de ti. Hablé de las afirmaciones antes y ahora vamos a ser prácticos con ellas. He aquí algunas afirmaciones que creo que tendrían un gran impacto en la vida de un empático

1. Soy un alma hermosa y sensible. Mi sensibilidad es una fuerza poderosa y con esta fuerza, cambio mi mundo.

2. Soy una persona muy importante y, en mi vida, prometo que la gente me valorará como persona. Mi círculo interior está formado por personas que valoran mis opiniones, mi presencia y mis sentimientos.

3. Hoy atraigo bendiciones y energías positivas a mi manera. Rechazo cualquier cosa que pueda infectar mi mundo con negatividad. Mi vida es hermosa. Mis experiencias son hermosas. Mi amor es hermoso.

4. He sido bendecido con el don de reconocer intuitivamente lo que es bueno para mí. Escucho mis instintos. Confío en mi instinto y estoy protegido por mis instintos. Mientras escuche mi voz interior, no me haré daño.

5. Hoy construyo un muro a mi alrededor que protege mi energía de personas que son emocionalmente agotadoras. Me comprometo a permanecer en relaciones que me nutren tanto como yo los nutro a ellos.

6. Me merezco la felicidad y por eso hoy, me mimaré. Me daré el gusto de seguir una dieta saludable. Ejercitaré mi mente y mi cuerpo. Hoy, me comprometo a ser bueno conmigo mismo.

Capítulo Siete - La empatía sana y feliz

Ahora que hemos mirado la empatía herida, así como los problemas que los empáticos enfrentan y luego hemos pasado por este proceso en el que encontramos la curación en nuestro interior, ¿cómo sabemos que hemos sido sanados? Esa es la esencia de este capítulo. Quiero que veamos bien cómo es una empatía feliz. Porque sí, es posible ser feliz y saludable tanto emocional como físicamente. Siempre va a requerir mucho trabajo. No hay necesidad de esconderse de ese hecho. Sabemos que estamos construidos de manera diferente a la persona promedio y por lo tanto la manera en que reaccionamos a las situaciones y eventos de nuestra vida es diferente. A pesar de los obstáculos causados por nuestra naturaleza inherente, encontraremos sanación. No hay duda de ello, pero a veces, lo mejor que puede motivarte a tomar el mejor curso de acción para ti sería tener una visión clara de ti mismo. Y ahí es donde estamos llegando en este capítulo. No estoy tratando de pintar un cuadro de color de rosa. Por si no te has dado cuenta, empecé este capítulo reiterando algunas de las dificultades que creo que encontraríamos en algún nivel. Dicho esto, creo que es hora de revelar la persona en la que podrías convertirte si sigues el curso. Continúe con sus afirmaciones y manténgase saludable tanto mental como físicamente y el resultado será gratificante.

Las 5 poderosas lecciones que todo empático debe aprender

1. Decir que no, no te hace una persona horrible.

Cuando pones a un empático en una posición en la que se supone que debe decir sí o no, instintivamente quiere decir sí. Esta es su naturaleza y, en un mundo donde todo es perfecto, esta es la actitud correcta. Desafortunadamente, el mundo es todo menos perfecto y decir que sí, cada vez que te preguntan sólo te prepara para una vida de arrepentimiento. A medida que evolucionas en tu viaje como empático. Esta es una de las lecciones más importantes que aprenderá. La vida no termina cuando dices que no. De hecho, lo que sucede es todo lo contrario. Tu vida comienza al final del no.

2. Está perfectamente bien que te pongas a ti mismo en primer lugar

La empatía es generosa hasta la médula. Ponen los sentimientos y emociones de los demás antes que los suyos propios. Esta naturaleza es lo que les gusta a las personas, pero al mismo tiempo, es lo que las destruye desde dentro. En este viaje, si vas a ser una mejor versión de ti mismo, una lección que debes aprender es que está perfectamente bien que te pongas en primer lugar.

3. Tu sensibilidad es una fuerza

Toda tu vida te han dicho que las emociones debilitan a una persona. El hecho de que hayas sido sensible a las cosas que suceden a tu alrededor te ha hecho merecedor del título de una persona débil y sensible, pero en este viaje descubrirás que tu sensibilidad es una de tus mayores fortalezas. Y cuanta más información adquieras sobre ti mismo, más poderoso te volverás.

4. Tú nunca fuiste el problema

La gente va a intentar tirarte tu naturaleza a la cara. Especialmente las personas con las que has compartido algún tipo de relación. Ya sea en el trabajo, en la escuela o en su relación personal. Debido a su incapacidad para entender el tipo de persona que eres, siempre parecerá que tú eres el problema desde el principio. Pero con la información que obtienes sobre ti mismo a medida que continúas estudiando tu personalidad y entendiendo de qué se trata la empatía, te darás cuenta de que el problema nunca fuiste tú en primer lugar. Y no se trata de asignar la culpa. Se trata de reconocer las cosas por lo que realmente son. Recuérdese constantemente (no importa cuán alto digan lo contrario) que la causa del problema no eres tú por la falta de comprensión de la gente.

5. La felicidad es una elección que haces

Esto aquí no es algo que sea exclusivo de los empáticos solos, muchas veces no nos damos cuenta de que la manera en que nos sentimos es realmente lo único que podemos controlar. Y, sin embargo, eso es precisamente lo que decidimos dejar en manos de otras personas. La felicidad no va a venir y llamar a tu puerta. No va a venir en la forma de una persona que asumes que es la persona perfecta para ti. No va a estar presente incluso si encuentras esa relación perfecta o si de repente te despiertas rico. La felicidad es como despertarse cada mañana y decidir cepillarse los dientes. Es algo por lo que tienes que esforzarte todos los días y si quitas algo de esta sección en particular del libro, que sea el hecho de que estás en control del estado de tu mente.

Prácticas diarias de una empatía sana

Si la felicidad es algo por lo que tienes que luchar cada día, ¿qué son esas cosas que un empático feliz haría para retener su felicidad? Es una pregunta curiosa, especialmente cuando se considera el hecho de que la felicidad significa muchas cosas para diferentes personas. Desde mi experiencia personal, la verdadera felicidad no viene de las cosas que puedes poseer o de las cosas que puedes comprar. La felicidad genuina se encuentra en los pequeños placeres que tomas en los pequeños momentos que vienen a ti. Puede ser muy fugaz, por eso es importante estar presente en cada momento, porque si te pierdes esos momentos, no perderás la oportunidad de ser feliz. Muchos de nosotros pasamos nuestros días postergando son la felicidad. Pensamos que si somos capaces de conseguir ese trabajo si somos capaces de comprar esa casa; si finalmente llegamos a conocer a esa persona perfecta ahora mismo, nuestras vidas serían mucho mejores y es entonces cuando sabemos que finalmente podemos encontrar la felicidad. Pero la cosa es que al declarar estas palabras nos privamos de una oportunidad real de ser felices. Deja de esperar a que te suceda la felicidad. Utilice estos ejercicios diarios para inyectar algo de felicidad en su vida.

Tómate un minuto para estar agradecido

Una de las razones por las que no podemos encontrar la felicidad es que estamos tan enfocados en las cosas que no tenemos, que nos olvidamos de las cosas que sí tenemos. Damos mucho valor a lo que esperamos obtener y no prestamos atención a las bendiciones que ya están en nuestras vidas. No importa cuán mala sea la situación, son pequeñas bendiciones a su alrededor. Y sólo puedes encontrar esas bendiciones si haces un esfuerzo consciente. Así que, cuando te levantes por la mañana, saca un minuto de tu día para estar agradecido por todo lo que tienes. Como dicen, hay que desarrollar una actitud de gratitud.

Comienza tu próxima aventura

Cuando te quedas atascado en una rutina, tu vida se convierte en un lugar muy aburrido. Pierdes esa sensación de maravilla que trae algún tipo de felicidad a tu vida. Es difícil ver las cosas buenas que tienes y apreciarlas por lo que son y no necesariamente porque no estés agradecido. Creo que tiene más que ver con el hecho de que has perdido el deseo de vivir. Hoy, vete a una miniaventura. No tiene que ser algo grande. Puede ser algo tan simple como probar una nueva cocina o tal vez comenzar un nuevo deporte. La meta es traer un sentido de novedad a tu vida; renovar tu pasión por la vida. Cuando eres apasionado por tu vida, encuentras la felicidad en las cosas más pequeñas.

Muéstrate un poco de amor

Te mereces la felicidad. Lo he dicho varias veces y eso demuestra lo importante que es. Ahora mostrarte amor es algo contra lo que muchos de nosotros pateamos instintivamente porque pensamos que crea una cierta percepción sobre nosotros. El hecho de que nos preocupemos tanto por lo que los demás piensen de nosotros más que por nosotros mismos dice mucho de nuestro estado mental. No necesitas esperar a que la gente te ame. De hecho, no muchas personas pueden amarte más de lo que te amas a ti mismo. Si quieres dar la bienvenida al amor en tu vida, el primer lugar para empezar es contigo. Muéstrate un poco de amor. Sé más amable contigo mismo, tómate un tiempo para mimarte. Sé que dicen que salir a comer solo puede parecer un poco deprimente. Una vez más, esta es la percepción de otras personas. Si quieres salir a cenar, te recomiendo que lo hagas una vez al mes más o menos. Llévese al mejor restaurante que pueda permitirse y disfrute de una deliciosa comida. O ir a un spa si eso es lo tuyo. Disfruta de un buen masaje. Estas son pequeñas formas en las que puedes mostrarte, amor.

Tómate un momento para respirar

Vivimos vidas muy ocupadas y el mundo en el que estamos hoy se mueve a un ritmo muy rápido. Tanto es así que desde el momento en que te levantas, hasta el momento en que bajas la cabeza por el día, parece como si hubieran pasado 24 horas volando. Es importante hacer pausas a lo largo del día. No tienes que hacer nada significativo durante esas pausas. Algo tan simple como concentrarse en su respiración puede hacer mucho para mejorar el resultado de su día. Cuando te sientas tenso y nervioso, haz una pausa en lo que sea que estés haciendo. Respira profundamente y exhala; imagina que la tensión y el estrés que sientes fluyen con esa respiración. Hay varios ejercicios de respiración que están diseñados específicamente para reducir el estrés. Podrías buscarlos en Internet y tal vez probarlos. Si eso suena un poco complicado para ti, sólo tienes que hacer pausas durante el día. Deténgase y huela las proverbiales rosas.

Tenga una visión de su futuro

En términos muy simples, esto se llama soñar. Cuando dejas de soñar, es muy fácil perder tu felicidad. Esto no quiere decir que no debamos estar arraigados al momento. Lo que quiero decir es que una visión de tu futuro te ofrece una alternativa hacia la que puedes caminar sin separarte de tu presente. Es importante que reconozcas la dinámica de esto. De cara al futuro, les insto a que sueñen un poco más de lo que normalmente lo harían. Imagínate la felicidad que esta visión te da y deja que fortalezca tu presente.

Deja de sentir empatía por el dolor y comienza a sentir empatía con alegría

Como empáticos, tenemos una tendencia a conectarnos con el dolor. Cuando vemos a alguien con dolor, reflejamos ese dolor en nuestras vidas. Esto nos hace pasar por ese dolor como si fuera nuestro propio dolor. Pero cuando se trata de alegría u otras emociones positivas, por alguna razón tenemos un desapego. Somos incapaces de reflejar esa alegría y al hacerlo, no vivimos esa alegría como si fuera nuestra. Nuestro sesgo hacia el dolor no es algo que se entienda fácilmente. Tal vez sea porque el dolor tiene una intensidad que nos llama o porque podemos participar activamente en la resolución del dolor de otra persona. Cuando se trata de la alegría, por otro lado, se siente que, porque no hay nada que podamos hacer al respecto, no nos involucramos tanto y creo que este es parte del problema. Cuando presenciamos emociones en otras personas, estamos psicológicamente programados para reaccionar a ellas y queremos hacer algo al respecto.

Bueno, eso era sólo una especulación, sin embargo, la ciencia nos dice algo similar. Según la ciencia, nuestro cerebro no reacciona con la misma intensidad a la alegría que al dolor. Lo que eso significa es que, como seres humanos, nos resulta más fácil compartir el dolor y el sufrimiento de los demás que compartir su alegría. Creo que esta experiencia es aún más cierta en el caso de los empáticos. Los expertos creen que hay mucha más recompensa psicológica cuando reaccionas al dolor de otras personas que cuando reaccionas a su alegría. Esto continúa reforzando mi teoría de que nos sentimos mucho mejor cuando estamos involucrados en el proceso de alguien y el dolor te permite más participación que la alegría. Cuando ves a una persona experimentando alegría, simplemente tienes que estar feliz por esa persona. Pero cuando se trata de dolor, nuestra "personalidad de fijador" se aprovecha. Ahora bien, esto no significa que queramos que la gente esté sufriendo todo el tiempo o incluso en absoluto. Eso demuestra lo que hacemos subconscientemente.

Y sólo porque estés programado para hacer algo subconscientemente no significa que tu personalidad haya sido definida por esto. Puede dar el paso para cambiar esta actitud. Es bueno responder al dolor de otras personas, pero también es bueno responder a su felicidad. Esto no es sólo para la persona a la que estás reaccionando, sino también para ti mismo. Para ser un empático feliz, sano y bien fundamentado, es importante que encuentres un equilibrio entre estas dos reacciones. Cuando veas a alguien feliz, sigue adelante y regocíjate activamente con él. No hay ninguna regla que diga que no puedes hacer algo para celebrar esa felicidad. Si haces el esfuerzo consciente de celebrar la felicidad de los demás, te darás cuenta de que también hay recompensas involucradas en esto.

Así que hoy quiero que añadas a tu lista de afirmaciones el deseo de celebrar la felicidad de otras personas. Cuando la próxima vez que alguien en su círculo anuncie una buena noticia, ofrézcase para llevarlos a celebrar el evento. Ni siquiera tienes que esperar a que ocurra algo positivo. Puedes sacar un bolígrafo y papel y escribir una carta de agradecimiento a tu amigo, familia o ser querido a la antigua usanza. Piense en una manera creativa de mostrar su empatía por su felicidad. Puede que al principio sea un poco pesado, pero a medida que lo sigues haciendo, se convierte en una parte normal de ti.

Practique la empatía no reactiva

Decirle a un empático que deje de reaccionar a las emociones y energías que les quitan a otras personas es como decirle que deje de respirar. Esto es lo que somos y ahora mismo, espero que hayas llegado a ese lugar de aceptación. Ahora, este segmento se trata de llevarte a ese lugar donde no reaccionas a cada energía o vibración a tu alrededor. Esto puede ser difícil, especialmente si está rodeado de personas con dolor. Sin embargo, debes tener en cuenta que para llegar a ser un empático feliz y saludable, esta es una habilidad que vas a tener que aprender. Mira las cosas que suceden a tu alrededor y desarrolla una manera diferente de reaccionar a esas cosas. ¿Ves cómo no te digo que dejes de reaccionar? Sólo digo que desarrollemos una forma diferente de reacción. Para poder hacer esto, tienes que venir de un lugar de autoconciencia. Saber quién eres y cómo ciertas cosas te hacen sentir te equipan para estar más preparado ya que puedes anticipar tu reacción.

Otra cosa que tienes que entender es que nada es lo que parece. Puedes haber caminado emocionalmente a través de los zapatos de esa persona, pero eso no significa que tenga una imagen completa de lo que está sucediendo. Este es un error común que nos es muy peculiar como empáticos. Sentimos que nuestra conexión con la experiencia de la gente nos da acceso a la imagen completa. Digamos, por ejemplo, que te tropiezas con un vagabundo en la calle. Está sosteniendo su taza de hojalata como de costumbre y pidiendo cambio de sobra. Reaccionas inmediatamente emocionalmente a su circunstancia actual y sabes cómo se siente en ese momento. Pero la cosa es que sólo se trata de ese momento específico. Teniendo esto en cuenta, le resultará más fácil desarrollar una reacción diferente o, al menos, reducir su reacción emocional a las cosas.

Los científicos nos dicen que el 90% de lo que hacemos se basa en el hábito. Por lo tanto, si quieres aprender a desarrollar nuevas formas de hacer las cosas, tendrías que volver a entrenar tu cerebro. Para ser menos reactivo, le insto a que haga una pausa consciente antes de reaccionar. Esa pausa podría marcar la diferencia entre reaccionar de forma exagerada y reaccionar adecuadamente. Un buen truco que tenía era pellizcarme cada vez que sentía que mis emociones se estaban acelerando. Actúa como una señal de advertencia que me recuerda que debo ir más despacio. Me tomó un tiempo recibir este mensaje, pero hoy en día, soy mejor por ello. Todavía me afecta el dolor que sienten otras personas, pero ya no me zambullo en todo lo que es primero la emoción. Siento, pienso y luego reacciono.

Capítulo Ocho - La empatía como superpotencia

Ahora que nos hemos quitado las gafas teñidas de rosa, podemos ver empatía por lo que realmente es. Y a pesar de todos los desafíos y luchas por los que pasamos como empáticos, es seguro decir que la empatía es una superpotencia. La empatía es la cualidad definitoria que nos hace humanos. La capacidad de ver a nuestros semejantes pasar por el camino de la vida, ya sea bueno o malo, y que sus experiencias se reflejen en nuestras propias vidas sin que tengamos que pasar por esas experiencias es increíble. Como empáticos, marcamos el ritmo de la humanidad. Somos más que observadores en la bibliografía mundial de todo lo que tiene que ver con las experiencias humanas. Somos participantes y, en cierto modo, diría que somos los contables. Es una cosa genial cuando piensas en ello. Ser la persona que atestigua la vida desde el punto de vista de la otra persona. No me importa lo que diga la gente. Pueden decir que eres demasiado emocional o reactivo o simplemente loco. Somos empáticos orgullosos y no hay mejor momento que ahora para ser dueños del poder que viene con el nombre.

Los 7 dones naturales que poseen todos los empáticos

1. Los empáticos son muy creativos: La perspectiva única dada a los empáticos les permite ver el mundo de la manera en que la mayoría de la gente no lo ve. Esta visión nos abre a una dimensión diferente de las cosas. En otras palabras, enfocamos las situaciones desde un ángulo diferente, lo que nos da la capacidad única de encontrar soluciones creativas. E incluso cuando no estamos proponiendo soluciones innovadoras, somos muy hábiles en la creación de arte excepcional.

2. Los empáticos son curanderos naturales: Nuestra conexión con las cosas que nos rodean, ya sean personas, plantas o animales, nos da un vínculo que nos hace sanadores naturales. Tenemos una comprensión instintiva de la energía vital que fluye a nuestro alrededor, y jugamos con este conocimiento para proporcionar ayuda a quien la necesite y a quien la necesite. Combine esto con nuestra necesidad biológica de proporcionar cuidados y tendrá el curador natural perfecto.

3. Los empáticos están alertas a los peligros en el medio ambiente: Gracias de nuevo a nuestra conexión con el mundo que nos rodea cuando entramos en una habitación, hay algo en nuestro subconsciente o en nuestro ser que nos alerta inmediatamente tenemos la sensación de que hay una amenaza para nuestras vidas en ese espacio. Esto no es algo que puedas explicar. Simplemente sucede y es uno de esos regalos por los que estamos agradecidos.

4. Los empáticos pueden ver una mentira a una milla de distancia: Este tiene que ser mi regalo favorito como empático; la habilidad de detectar una mentira. No importa cuán bien hecha esté la mentira o cuánta evidencia física esté disponible para apoyarla, en el momento en que un empático encuentra una mentira, siente su falsedad.

5. Los empáticos pueden detectar la verdad: De la misma manera que un empático puede detectar una mentira, es la misma manera en que pueden detectar la verdad. En nuestro trato con la gente, los encontramos haciendo todo lo posible para enmascarar sus verdaderas intenciones o sus verdaderos sentimientos. Nuestra conexión con la gente y nuestra habilidad para leer su energía permite ver bajo esas capas de pretensión y revelar la verdad.

6. Los empáticos tienen las mejores experiencias: ¿Imagínate poder experimentar el caleidoscopio de la emoción humana? Ese plano de intensidad te deja con una variedad de experiencias es que no mucha gente tendría el privilegio de experimentar. En el momento en que

somos capaces de tener nuestros sentimientos bajo control, abrimos las puertas para experimentar la vida en su mejor forma.

7. Los empáticos son buenos leyendo el lenguaje corporal: La comunicación puede ser verbal o no verbal. La mayoría de las personas sólo son capaces de entender la comunicación a nivel verbal e incluso entonces, su incapacidad para sentir las verdaderas intenciones de las personas hace que sea difícil entender verdaderamente la dirección de esa comunicación. Para los empáticos, esto no es un problema. Además, pueden leer el lenguaje corporal de una persona para determinar lo que quiere decir o cómo se siente.

Los mejores trabajos para empáticos

En mi experiencia, los empáticos que son conscientes de sí mismos pueden caminar en cualquier campo en el que pongan su mente. Son aquellos que todavía están luchando con sus dones los que tienen dificultades para funcionar al máximo en ciertas áreas. E incluso entonces, siento que esto tiene más que ver con su personalidad individual que con sus dones como empáticos. Ahora una cosa es trabajar en un determinado campo y otra es prosperar en ese campo en particular. Para este segmento, me voy a enfocar en los caminos profesionales donde la empatía es más propensa a utilizar sus dones y tener éxito.

Esta lista es más bien una guía, así que tenga cuidado al aplicarla a su vida. Debes tener en cuenta cosas como tu área de especialización, tus habilidades básicas, así como tus talentos. Decidir dar un rodeo en estos campos basado en tu don de empatía por sí solo no te va a garantizar el tipo de éxito que deseas. El mensaje detrás de todo lo que estoy diciendo es que ser empático complementaría el conjunto de habilidades, así como cualquier otro requisito básico para estos puestos de trabajo en sus respectivas industrias. Con eso fuera del camino, exploremos esos roles de trabajo.

Psicólogo: La capacidad de empatía para escuchar es una de las cosas que los califica para este trabajo. Sin embargo, se necesitaría un empático que sea consciente de sí mismo para prosperar como psicólogo. La razón de esto es que los empáticos en su estado crudo y sin entrenamiento tienden a reaccionar emocionalmente. Los psicólogos necesitan un sentido de desapego. Aunque puedan identificarse con los sentimientos y emociones por los que está pasando su paciente, todavía tiene que haber esa línea para que puedan ofrecer una perspectiva objetiva y soluciones creativas. Sin embargo, creo que nació un empático para este trabajo.

Veterinario: En casi todos los lugares, un veterinario local también es conocido como el susurrador de animales. Ellos tienen una manera de conectarse con los animales bajo su cuidado y esta no es una habilidad que se aprende en cualquier salón de clases. Es algo innato. Necesitas el entrenamiento para poder proveer la solución correcta, pero necesita esa habilidad intuitiva para poder entender verdaderamente el problema.

Artista: Es bien sabido que los artistas son personas con almas extremadamente torturadas y eso es porque parecen ser sensibles al mundo que les rodea. Tendría sentido llegar a esta conclusión porque requeriría que tuvieras una gran profundidad de entendimiento para poder ver las cosas que otras personas ven como ordinarias y transformarlas en algo espectacular. Los artistas son la razón por la que puedes mirar una pintura y emocionarte hasta las lágrimas. O puedes escuchar un sonido y ser transportado a otro universo o leer un conjunto de palabras y tus emociones se agitan. Esto viene de la empatía

Consejera de orientación: Esto es similar al psicólogo, excepto que esta vez, está ayudando a los jóvenes a determinar su trayectoria profesional y ayudando a los niños a tomar las decisiones correctas en la escuela. Y siento que este es un papel que es muy adecuado para una persona empática porque pueden relacionarse con estas personas como ninguna otra persona puede hacerlo y también, su habilidad intuitiva para leer las verdaderas emociones e intenciones de las personas los pone en una mejor posición para ofrecer consejos cuando se trata de cosas como su carrera o sexualidad, las opciones en la escuela entre otras cosas.

Abogado: Las personas sin voz necesitan que un defensor hable en su nombre y ninguna persona puede hacerlo mejor que alguien que sea empático, la capacidad de relacionarse con la situación y la astucia que proporciona su capacitación los convertiría en una combinación letal en la sala de audiencias.

Cómo los empáticos pueden usar sus dones para manifestar el éxito

Los empáticos están en posesión de muchos de los regalos que caí les daría una ventaja en el lugar de trabajo su éxito no sólo está ligado a su carrera. Si se aplican correctamente diferentes áreas de su vida, encontrará que estás prosperando. Para este segmento, voy a ver cinco áreas diferentes en tu vida y veremos cómo puedes usar tu don.

En tu carrera

Independientemente del tipo de trabajo que hagas, lo más probable es que tengas otras personas con las que trabajar. Para un empático, esto le da la ventaja extra porque tiene una comprensión innata de cómo funciona la dinámica de las relaciones entre las personas. Para que tengas éxito en el lugar de trabajo, aquí está cómo trabajar sus dones a su favor;

1. Utilice su don de conocimiento de los problemas para desarrollar soluciones innovadoras. Su desafío en este sentido sería hacer que se escuchara su voz. Relájate, di la verdad e impresiona a tus colegas con tus increíbles ideas.
2. Usa tu habilidad de sentir energía para trabajar en el tiempo. Esto es muy útil cuando se presentan nuevos proyectos al jefe o cuando se presenta una queja.

En sus relaciones

Para el empático que aún no ha comprendido su personalidad, sus relaciones son complicadas o unilaterales. Con el conocimiento que ha adquirido, puedes construir relaciones que son saludables y prosperan.

1. Usa tu don de separar las verdades de la mentira, puedes seleccionar activamente el tipo de personas que instintivamente conoces para que tengan tu mejor interés en el corazón. Esto mantiene la energía a su alrededor positiva
2. Usa tu habilidad creativa para crear ideas de regalos, actividades divertidas y otras experiencias únicas que unan a las personas y fomenten las amistades.

En sus finanzas

El dinero es difícil para cualquiera. Empático o no, necesitas conocimientos financieros básicos para poder manejar su dinero de manera efectiva. Es comprensible que el dinero no sea una fuerza motivadora fuerte para el empático, pero no hay ninguna razón por la que no se pueda ser rico. Dicho esto, tus habilidades empáticas pueden ayudarte en las siguientes áreas;

1. Monetiza tu pasión. Los empáticos se sienten conmovidos por las cosas que les apasionan. Si puedes encontrar una manera de hacer de su pasión una fuente de ingresos, te llevarías el premio gordo.
2. Use su red para crear valor neto. Sus relaciones suelen ser sus activos más valiosos. Aumente eso y sus activos crecerán.

En su salud mental

Tanto como los empáticos tratan con muchos problemas emocionales, si también pueden tener la mejor experiencia emocional. Para prosperar mentalmente, haga lo siguiente;

1. Usa tu radar de energía para filtrar los tipos de energía que permites en tu espacio. Con energías positivas, creces. Las energías negativas, por otro lado, tienen un efecto marchitador en ti.
2. Usa tu habilidad de conectarte para establecer una conexión con tus verdaderas intenciones. La gente camina por la vida confundida sobre las cosas que quiere. Esto los pone en un estado mental terrible. Pero tú no. Ponga su mente en ello y podrá saber exactamente lo que quiere en todo momento.

En tu vida espiritual

Tu espiritualidad ya no se trata de religión. Pero sobre tener armonía en el cuerpo, la mente y el espíritu. Los empáticos son uno de los seres más espirituales y puedes amplificar la experiencia haciendo cualquiera de las siguientes cosas

1. Aproveche la energía que rodea a la naturaleza para revitalizarse y refrescarse. Esto drenaría cualquiera de los excesos negativos traídos a tu vida y te ayudaría a mantenerte en un estado de bienaventuranza.
2. Enchufa tu talento natural en tu don de percepción. De esta manera, estás conectado a un suministro aparentemente interminable de ideas. La gente tiende a quemarse y cuando lo hace, se vuelve inquieta en su búsqueda de recuperar lo que ha perdido. Tu don empático puede proporcionar un suministro sostenible para tu talento.

El poder de la empatía en la actualidad

El mundo en el que vivimos hoy es caótico. Apenas hay un día en que enciendes las noticias y no sería testigo de la miseria y la tragedia con la que otras personas están lidiando. El advenimiento de la tecnología ha hecho posible que los medios de comunicación lleguen a los rincones más lejanos de la tierra y lleven estas historias de problemas a su puerta. Con la exposición constante a estas cosas, no es sorprendente que la gente se haya desprendido emocionalmente de los sufrimientos de la gente. Se ha vuelto tan malo que la empatía se ha convertido en una mercancía casi extinguida en el rango humano de las emociones.

El mundo de hoy está evolucionando y en mi opinión, sin empatía, el mundo se derrumbaría en un estado caótico. La empatía es lo que crea un equilibrio entre el dolor que un ser humano es capaz de infligir y la alegría que otro ser humano es capaz de dar. La empatía es lo que caracteriza a la humanidad. Tenemos nuestras diferencias en experiencias, en personalidades y en nuestras creencias. La empatía es el puente que nos conecta a todos. Dicen que el amor es un lenguaje general y que todo el mundo lo entiende. Esto fue quizás cierto hace algunos siglos. En el estado donde el mundo está ahora mismo, el amor tiene múltiples idiomas y se necesita un nivel de autoconciencia no sólo para hablarlo sino para hablarlo con fluidez.

La empatía es el nuevo lenguaje universal. La habilidad de conectarse con otro ser y estar interesado en su bienestar lo suficiente como para invertir en él es lo que el mundo necesita y esto es empatía a nivel general. La empatía responde a la necesidad y el mundo es un lugar lleno de gente necesitada y no lo digo en el sentido de 'pegajoso'. Todo el mundo necesita ser escuchado en algún nivel por alguien más. Sin empatía, esa necesidad seguiría creciendo durante mucho tiempo, lo que provocaría tensiones. El mundo de hoy funciona con el humo creado por estas tensiones y la empatía es la única manera de difundir la situación.

Todo lo que intento decir aquí es que eres valioso ahora más que nunca. Empezamos este viaje con la percepción de la gente de los empáticos. Y en retrospectiva, sería seguro decir que su analogía pone empatía en algún lugar entre un alienígena y una persona loca. Creo que ahora lo sabes mejor que nadie. Ahora sabes que eres un ser sensible, espiritual, lleno de luz y vida. Las luchas que has tenido hasta ahora son temporales y si constantemente pones en práctica los conocimientos que has adquirido aquí para trabajar, tienes el potencial de ser una persona extraordinaria. Eres el superhéroe que el mundo necesita en su esquina. Su presencia es un recordatorio constante de que hay mucho bien en el mundo y que no tenemos que mirar al cielo en busca de ángeles.

Conclusión

Al principio del libro, mi objetivo era documentar mi viaje de ser una persona fuera de control a darme cuenta de que soy una persona empática, consciente de sí misma y arraigada en los dones que me han sido dados. Pero con cada párrafo, empecé a imaginarme tu cara. A medida que los rasgos de tu rostro se aclaraban, empecé a ver tu personalidad y desde tu personalidad, te convertiste en una persona completa para mí. En algún momento del camino, este dejó de ser mi viaje. Se convirtió en nuestro viaje y me emocionó aún más compartir todo lo que he aprendido en mi camino hacia aquí con ustedes. La gente ha tratado de definirnos por sus propias experiencias y durante mucho tiempo, esta ha sido la vara de medir para los empáticos. Somos sensibles, somos emocionales, no lo tenemos juntos y si como yo inhibiste ese mensaje, puedo imaginarme lo problemática que debe haber sido tu vida hasta este punto. Y por eso escribí este libro. Quería reflejar el potencial que tiene cada empático. No somos bebés solitarios y llorones, sino poderosos guerreros con la capacidad de cambiar nuestro mundo. ¡Pruébate eso para ver si te queda bien!

Tomamos muchos desvíos en este viaje y el propósito de este era examinar todos los aspectos de nuestra vida diaria. Quería dividirlo en partes relacionadas. Veo este libro como un espejo y cuanto más claro es, mejor es la visión que tienes de ti mismo. Empezamos cambiando la narrativa sobre quiénes somos y luego, poco a poco, nos adentramos en la forma en que tratamos las situaciones cotidianas. Incluso caminamos hacia el lado oscuro de ser una empática y para ser honesta, ese fue un proceso muy difícil para mí. Vi algunos de los errores que he cometido y eso me trajo recuerdos de algunos de los puntos más bajos de mi vida. Tengo la sensación de que también has pasado por dolores similares. Pero lo bueno es que mirar ese abismo me dio poder para tomar la decisión de ser mejor. Por eso, cuando pasamos a los capítulos en los que hablamos de nuestras habilidades únicas. La parte más intrigante para mí es el descubrimiento de que realmente tengo la capacidad de definir mi vida. Y esto es algo que todos compartimos como humanos.

Espero que después de todo lo que has leído y descubierto en este libro, encuentres el valor para abrazar la fuerza que sé que tienes en tu interior y que empieces a vivir tu mejor vida ahora. Puedo desear desde ahora hasta los confines del universo, pero no va a cambiar nada si no crees que mereces este precioso regalo. Hace años, cuando sentí que mi vida había terminado y que no tenía nada más que ofrecer, todo lo que quería era una segunda oportunidad de vida. Quería una segunda oportunidad. Durante los años que me llevó aprender todo lo que he descargado en este libro, tuve mi segunda oportunidad. Sólo que no sabía que 'esto' era todo. Y por 'esto', me refiero al conocimiento que había adquirido con el tiempo. Mi madre solía decirme que el conocimiento es inútil hasta que lo pones en acción y al principio, eso era lo que esta información era para mí. Hasta que empecé a hacerla práctica. Y, por lo tanto, voy a transmitirles ese pedacito de sabiduría anciana. Tome todo lo que ha ganado con la lectura de este libro y aplíquelo. Es al aplicarlo que descubrirás lo que funciona para ti y lo que no funciona. A medida que cribas a través de ese proceso, te vuelves mejor, más sabio y fuerte.

Este libro describe el proceso de llevarte a un lugar más feliz y saludable paso a paso. Me aseguré de que el contenido fuera positivo, reconocible y práctico. Ser empático no es un concepto extraño. Esta es nuestra realidad y parte de mi objetivo era escribir un libro con una perspectiva equilibrada sobre cada aspecto de nuestras vidas. Si quisiera ser dramático, diría que este libro trata de inclinar la balanza a su favor y creo que hemos sido capaces de lograrlo. En tus manos ahora mismo una herramienta que muestra tus fortalezas y debilidades. Destaca sus intereses y tus pasiones y describe claramente los riesgos y recompensas. No es la varita de un mago la que simplemente puedes mover las muñecas, decir la palabra mágica y transformar tu vida de la noche a la mañana, sino que pone el poder de la transformación en tus manos.

Y ahora que hemos llegado al final, es mi más sincero deseo que su proceso no termine en el segundo que cierren este libro. Quiero que las palabras contenidas en este libro cobren vida en tu corazón. Quiero que te inspiren en momentos en los que te sientas deprimido y activen una pasión en ti que te vea perseguir tus sueños al máximo. Sin embargo, como empático, entiendo cuál va a ser su mayor lucha en todo esto y con ese conocimiento, aquí está mi deseo para ti. Deseo que te veas a ti mismo como la maravillosa persona que eres y que finalmente aceptes este regalo que se te ha dado. Casi puedo ver los engranajes en tu cerebro trabajando al unísono y espero que te dirijan hacia ese espacio donde finalmente puedes aceptar que mereces la felicidad. Que ya no tienes que seguir poniendo sus necesidades y sus sueños en segundo plano para todos los demás. Tienes tanto derecho como todos los demás a ser feliz. Eso no quiere decir que quiero que dejes de ser tú... sólo un recordatorio amistoso de que tus sueños y aspiraciones son parte de lo que eres. En ese sentido, les doy la bienvenida a los mejores días del resto de su vida. Sigue siendo auténtico.

ENEAGRAMA

El Camino Del Autodescubrimiento, Crecimiento Personal, Y Las Relaciones Saludables.

Descubre Tu Camino Con Los 9 Tipos De Personalidad (Guía Para Principiantes)

Tabla de Contenidos

Introducción **100**

Capítulo Uno - Entendiendo el Eneagrama **103**
Qué significa la figura del eneagrama 103
Cómo identificar su tipo de personalidad 107
Acerca de los niveles 108

Capítulo Dos - El Reformador (Tipo 1) **111**
Quince signos de que eres un Reformador 111
El Reformador: Una visión general 112
Los niveles del reformador 114
Las alas del reformador 118
Consejos para el Reformador 121

Capítulo Tres - El Ayudante (Tipo 2) **123**
Quince signos de que eres un ayudante 123
El Ayudante: Una visión general 124
Niveles del Ayudante 125
Las alas del ayudante 128
Consejos para el Ayudante 130

Capítulo Cuatro - El Triunfador (Tipo 3) **132**
Quince señales de que eres un triunfador 132
El Triunfador: Una visión general 133
Los Niveles de Triunfador 134
Las alas de los triunfadores 137
Consejos para el Triunfador 140

Capítulo Cinco - El Individualista (Tipo 4) **141**
Quince signos de que eres un individualista 143
El panorama individualista 144
Los niveles individualistas 146
Las alas individualistas 149
Consejos para el individualista 151

Capítulo Seis - El Investigador (Tipo 5) **153**
Quince signos de que eres un investigador 153
La descripción general del inspector 154

Los niveles de los investigadores 156
Las alas del investigador 158
Consejos para el investigador 160
Capítulo Siete - El Leal (Tipo 6) 162
Quince señales de que eres Leal 162
Descripción general de una persona Leal 164
Los niveles de lealtad 165
Las alas leales 168
Consejos para la persona Leal 170
Capítulo Ocho - El Entusiasta (Tipo 7) 172
Quince signos de que eres un entusiasta 172
La visión general del entusiasta 173
Los Niveles del Entusiasta 175
Las alas entusiastas 177
Consejos para el Entusiasta 181
Capítulo Nueve - El Retador (Tipo 8) 184
Quince señales de que eres un Retador 184
Descripción general del Retador 185
Los niveles del Retador 187
Las alas del Retador 190
Consejos para el Retador 193
Capítulo Diez - El Pacificador (Tipo 9) 195
Quince signos de que eres un pacificador 196
Descripción general de Pacificador 198
Los Niveles del Pacificador 200
Las alas del Pacificador 203
Consejos para el Pacificador 206
Conclusión 208

Introducción

El mundo en el que vivimos es un lugar complejo, lleno de voces, influencias e ideas muy diferentes. Puede ser un desafío permanecer centrado y permanecer fiel a lo que eres, conocer y entender quién eres realmente, y tomar las medidas apropiadas basadas en este autoconocimiento vital.

¿Busca claridad en un mundo que a menudo puede ser confuso? ¿Quiere crecer personalmente, con la confianza de que está creciendo en la dirección correcta? Tal vez usted busca una mejor comprensión de sus seres queridos. Una forma de evitar el conflicto y lograr más armonía. Para saber con qué socios eres compatible y para profundizar en esas relaciones. Si es así, el Eneagrama podría ser la solución que usted ha estado buscando.

Las teorías modernas relacionadas con el Eneagrama se atribuyen a las enseñanzas de George Gurdjieff, Oscar Ichazo y Claudio Naranjo. Es un sistema de nueve tipos de personalidad diferentes y combina los considerables beneficios de la psicología moderna y la sabiduría tradicional. Puede ser utilizado como una herramienta poderosa para entendernos a nosotros mismos y a los demás. También se ha utilizado ampliamente en los ámbitos de la espiritualidad y los negocios, específicamente en las áreas de formación de equipos, desarrollo de liderazgo y habilidades de comunicación.

En este libro, aprenderás los principios y principios básicos del Eneagrama y recibirás contornos completos y reveladores de cada tipo de personalidad individual. Descubrirá su propio "tipo" particular a lo largo del camino - hay nueve en total - y las diversas fortalezas y desafíos que lo acompañan. Usted llegará a entender cómo usar estas fortalezas en su beneficio y cómo superar y trascender los problemas únicos con los que su tipo particular podría tener que lidiar.

Durante toda mi vida, he tenido una profunda pasión por el autodesarrollo y las pruebas de personalidad. Va más allá del interés cotidiano; mi vida ha sido verdaderamente moldeada por mis descubrimientos. Y mi profundo conocimiento del Eneagrama me ha permitido leer a la gente de una manera que la mayoría de la gente no puede. Al identificar mi tipo de personalidad, finalmente pude identificar mis verdaderas necesidades. Si no sabes cuáles son tus necesidades, ¿cómo puedes esperar satisfacerlas?

He descubierto por experiencia personal que al profundizar y aprender quién soy realmente, mi vida es más rica y significativa. También soy capaz de tomar mejores decisiones cuando se trata de las cosas más importantes de la vida. Soy un Eneagrama Tipo Cuatro y este conocimiento me ayuda a conocer mis debilidades, a caminar ágilmente alrededor de ellas y a capitalizar y darme crédito por mis fortalezas. En cierto modo, lo hace más fácil cuando sé que hay una razón para todo esto. ¡No es mi culpa, es porque soy un Cuatro!

Este libro puede ser usado como una guía a lo largo de su camino hacia el autodescubrimiento. Puedes usarlo como una herramienta para entenderte más profundamente e identificar tus rasgos dominantes. Proporciona todo lo que necesitas saber para lidiar con todas tus maravillosas idiosincrasias y para lograr el crecimiento personal a lo largo del camino. El libro también puede proporcionar información adicional. Al identificar los “tipos" de nuestros seres queridos -ya sean amigos, parejas o miembros de la familia- logramos una mejor comprensión de cómo hacer que estas relaciones funcionen y, además, cómo profundizarlas. La comunicación puede mejorarse y los conflictos pueden reducirse.

Personas de todo el mundo y de todas las generaciones han dado su testimonio sobre el impacto positivo del Eneagrama en sus vidas. Esto puede manifestarse de muchas maneras. Los ejemplos incluyen el reconocimiento de los patrones mentales que subyacen a las emociones. Desarrollar la autoconciencia, como aprender sobre el significado de las sensaciones corporales, como la tensión. Comprender las estrategias que utilizamos para la autopreservación. Poseer sus propias emociones y establecer límites. Permitiendo la vulnerabilidad y accediendo a tu propia sabiduría innata.

Este libro proporciona una guía definitiva de todo lo que necesita saber sobre el Eneagrama y cómo utilizar el conocimiento que éste proporciona. Descubrirá su tipo. Conocerá sus fortalezas y debilidades potenciales. Obtenga acceso al poder de la autocomprensión. Tendrá un análisis más profundo y una visión de quién eres realmente y de la personalidad de todos los que te rodean. ¡Imagine lo útil que sería obtener información sobre su malhumorado compañero de trabajo o su difícil jefe! Y en su vida romántica: imagina la ventaja que tendrá a la hora de evaluar a sus posibles parejas e incluso de evitar repetir los patrones de relaciones poco saludables de su pasado.

La vida es corta. ¿Por qué perder el tiempo en la confusión cuando la claridad puede ser tuya? El Eneagrama y los conocimientos que revela pueden ser un excelente punto de partida. Se dice que una vida no examinada no vale la pena vivir. El Eneagrama puede proporcionar la conciencia que es, en última instancia, la clave de todo cambio y conduce a beneficios de gran alcance.

Los comportamientos inconscientes y los desencadenantes se ponen en primer plano, lo que nos permite finalmente hacer frente a ellos. No solo puede crecer personalmente, sino que también puede mejorar sus relaciones, tanto en el lugar de trabajo como con sus amigos y seres queridos.

La información relacionada con el Eneagrama que se encuentra en este libro ha llevado a que la vida cambie y tenga consecuencias positivas de gran alcance para muchos. Únase a las filas crecientes de personas que han experimentado cambios maravillosos en sus amistades, carreras, relaciones románticas y desarrollo personal.

Hace dos mil años, cuando los peregrinos se acercaban al templo sagrado de Delfos, eran recibidos por el signo: "Conócete a ti mismo". Este sabio consejo es igual de relevante hoy en día. El autoconocimiento es poder. Pero primero tiene que buscarlo. Entonces úselo. Este libro puede ayudarlo a hacer precisamente eso.

Capítulo Uno - Entendiendo el Eneagrama

Hay muchas pruebas de personalidad en el dominio público. Es posible que haya oído hablar de algunos de ellos. El test de personalidad de Myers Briggs es uno de los más famosos, y puede que lo haya hecho usted mismo. Pero me atrevería a decir que el Eneagrama es más que una prueba de personalidad. Se describiría con mayor precisión como una herramienta inmensamente poderosa para la transformación personal, por no hablar de la transformación colectiva.

Entonces, ¿qué es este enigma conocido como el Eneagrama? Para profundizar un poco más en su verdadero significado y orígenes, primero vamos a examinar el símbolo que lo representa.

Qué significa la figura del eneagrama

El símbolo o figura del Eneagrama se compone de tres formas individuales, cada una de las cuales tiene su propio significado. Primero examinaremos el círculo subyacente:

El Círculo

No será ninguna sorpresa que el círculo represente la totalidad o la unidad de la vida - como en el Círculo de la Vida. El círculo también sirve como una especie de contenedor dentro del cual conducimos nuestras vidas. A medida que navegamos a través de nuestra vida, la fragmentación puede ocurrir, a menudo debido al ego. El objetivo es alcanzar la conciencia de que nunca hemos perdido nuestra integridad.

El Triángulo

En muchas culturas, el tres es considerado como un número místico y mágico. Esto se conoce a veces como la Ley de los Tres. Esta ley sostiene que cada fenómeno consiste en tres fuerzas individuales. Cuando hay tres fuerzas presentes, las cosas comienzan a suceder. Pero con solo una o dos fuerzas disponibles, no pasa nada en absoluto. Cada fuerza tiene un nombre diferente. La primera es conocida como la fuerza activa o positiva o motivadora. La segunda se llama la fuerza negativa o pasiva o negadora y la tercera se llama la fuerza neutralizadora, facilitadora o invisible. Como ley esotérica, la Ley de los Tres funciona tanto en nuestro mundo interior como en nuestro mundo exterior. Usted podría ser capaz de observarlo en sus interacciones con otras personas.

Existen numerosos ejemplos culturales de la Ley de los Tres. Uno de los más generalizados y con el que la mayoría de la gente estará familiarizada es el concepto de la santísima trinidad, el padre, el hijo y el Espíritu Santo, que se basa en la tradición cristiana.

El Hexad

El Hexad es un símbolo más inusual e irregular que tiene su origen en el Sufismo - la rama mística del islam. En realidad, es una figura de seis puntas, pero sigue siete puntos, desde el principio, a través de seis cambios de impulso, y luego de vuelta a su origen, que se considera el séptimo punto. Representa la Ley de Siete, que a veces se conoce como la ley de octava. Propone que el fenómeno evoluciona en siete pasos. Junto con la Ley de los Tres, Gurdjieff, uno de los principales defensores del Eneagrama, creía que la Ley de Siete era una ley global y esencial para su cosmología.

La Ley de los Siete establece que el camino del movimiento ya sea hacia o lejos de cualquier cosa, no ocurre en línea recta. Más bien, hay períodos de esfuerzo, caída y esfuerzo de nuevo - una especie de subida y bajada de energías a lo largo del camino.

Estas tres formas se superponen para crear el símbolo del Eneagrama. Las líneas del símbolo del Eneagrama muestran un camino hacia una vida más rica y plena. Se fomenta la auto observación para evitar los diferentes desencadenantes de nuestra personalidad que pueden llevarnos a equivocarnos.

Los números, del uno al nueve, en el símbolo del Eneagrama, representan los nueve tipos de personalidad diferentes. La relación entre los números se demuestra por las líneas que los conectan entre sí. Cada número solo está conectado a otros dos números.

Acerca de las Alas

Ninguna persona está compuesta puramente de un solo tipo de personalidad. Cada uno es una mezcla de su tipo principal junto con uno de los dos tipos junto a él en la figura del Eneagrama. Cualquier tipo adyacente con el que más se identifique se conoce como su "ala".

Su ala dominante se indica por la puntuación más alta de uno de los tipos que existen a cada lado de su tipo básico. Por ejemplo, si su tipo básico es Tres, su ala será Dos o Cuatro, cualquiera que tenga la puntuación más alta. Cabe señalar que la segunda puntuación global más alta en su prueba de eneagrama no es necesariamente la de su vela.

La idea es que los tipos de alas tienen una influencia extra en tu tipo básico.

Las Tríadas (o Centros)

Los nueve tipos de personalidad del Eneagrama están dispuestos en tres tríadas, también conocidas como centros. Tres de los tipos están en el centro instintivo (Uno, Ocho y Nueve), tres en el centro del sentimiento (Dos, Tres y Cuatro) y tres en el centro del pensamiento

(Cinco, Seis y Siete). Las tres personalidades que ocupan el mismo centro comparten las mismas fortalezas y debilidades entre sí.

Cada tríada o centro está asociado con una emoción en particular. El centro instintivo está asociado con la ira, mientras que el centro de sentimientos tiende a sentir más vergüenza. Y el centro de pensamiento está ligado a los sentimientos de miedo. Por supuesto, todas y cada una de las personas pueden estar sujetas a todas y cada una de las emociones, pero en cada tríada, las personalidades asociadas con ella se ven especialmente afectadas por el tema emocional de esa tríada. Encontrarás que cada tipo de personalidad tiene una manera particular de lidiar con su emoción dominante.

Los tres números dentro de cada tríada o centro tienen un patrón que siguen. El primer número en cada tríada *expresa* la emoción en la que está hipercentrado. Así que los tipos Ocho, Dos y Cinco expresan y externalizan sus emociones. Esto significa que Ocho exterioriza la ira, Dos exterioriza la vergüenza y Cinco exterioriza el miedo.

Esto significa que ellos proyectan la emoción hacia afuera o la experimentan fuera de sí mismos. Cuando estas personalidades experimentan estas emociones, se manifiestan justo frente a nosotros.

El segundo número en cada centro *reprime* la emoción en la que se enfoca. Es decir, nueve, tres y seis. Entonces Nueve reprime la ira, Tres reprime la vergüenza y Seis reprime el miedo. En otras palabras, hacen todo lo posible para fingir que la emoción no existe para ellos.

El tercer número de cada centro *interioriza* la emoción con la que más se asocia. Así, Uno, Cuatro y Siete tratan de internalizar sus emociones. Uno interioriza la ira, Cuatro interioriza la vergüenza y Siete interioriza el miedo. Estas personalidades experimentan estas emociones interiormente o las entregan en sí mismas. Esto es diferente a la represión porque todavía sienten la emoción que están ocultando, pero eligen no mostrarla. Esto puede llevar a estos tipos de personalidad, especialmente a los Cuatro, a incubar.

Cómo identificar su tipo de personalidad

Los siguientes capítulos proporcionan una guía completa de los nueve tipos de personalidad diferentes, presentados en orden numérico. Cada capítulo comienza con una lista de verificación que consta de quince preguntas que debe hacerse para determinar si es probable que sea de ese tipo en particular.

Sería una buena idea mantener un registro del tipo de personalidad para el que se marcan la mayoría de los enunciados. Esta práctica debe identificar su tipo de personalidad. De manera similar, lleve un registro del tipo de personalidad adyacente para el que obtiene la mayor puntuación. Esta será tu ala dominante.

Es bastante común encontrar un poco de usted en los nueve tipos de personalidad del Eneagrama, aunque uno de ellos debería destacarse como el más cercano a usted. Este es su tipo básico.

Todos estamos familiarizados con el debate en curso entre la naturaleza y la crianza. En términos del Eneagrama, los expertos coinciden en que nacemos con un tipo dominante. Este temperamento innato parece determinar las maneras en que nos adaptamos a nuestro entorno de la primera infancia.

Las personas no cambian de un tipo de personalidad a otro. Por ejemplo, si nace como Uno, permanecerá como Uno durante toda tu vida. Hay otros puntos que vale la pena tener en cuenta. Todos los tipos se aplican por igual a hombres y mujeres. Y un número mayor en la escala del Eneagrama no es mejor ni peor que un número menor. En otras palabras, un ocho no es mejor que un tres o viceversa. Cada tipo tiene sus propias fortalezas y debilidades inherentes. Ningún tipo de personalidad del Eneagrama es mejor o peor que otro. Todos debemos esforzarnos por ser lo mejor de nosotros mismos en lugar de tratar de emular a otros tipos.

Acerca de los niveles

Por supuesto, no todas las personas del mismo tipo serán exactamente iguales. Esto es obvio cuando consideramos la diversidad de los seres humanos que nos rodean. Entonces, ¿qué es lo que explica estas diferencias?

Cada tipo de personalidad se compone de nueve niveles de desarrollo. Don Riso llegó por primera vez a esta hipótesis en 1977. Riso, junto con Russ Hudson, desarrolló la idea en la década de 1990. El concepto de los niveles añade profundidad a nuestra comprensión del sistema del Eneagrama y explica tanto las diferencias que surgen entre personas del mismo tipo como también cómo las personas pueden cambiar, positiva o negativamente.

Los niveles de desarrollo proporcionan una comprensión más profunda de la explicación de los diferentes elementos contenidos dentro de un tipo de personalidad. Esto se relaciona con la complejidad de la naturaleza humana. Los niveles de desarrollo nos proporcionan una especie de marco esquelético que nos permite ver cómo todos los rasgos de un tipo particular están interrelacionados, y cómo un rasgo saludable puede llegar a ser promedio, o puede llegar a ser insalubre. Por supuesto, esto también puede funcionar en la dirección opuesta.

Los niveles nos muestran que la personalidad es dinámica y siempre cambiante. Nos ayuda a entender que las personas pueden cambiar estados dentro de su personalidad, cambiando dentro del espectro de rasgos que componen su tipo de personalidad.

Puede ayudar significativamente en nuestra comprensión de los demás el evaluar si alguien está en su nivel de funcionamiento saludable, promedio o insalubre.

Los nueve niveles de desarrollo se componen de tres niveles en el segmento saludable, tres niveles en el segmento promedio y tres niveles en el segmento no saludable. Las sombras de gris abundan.

El continuo de los niveles de desarrollo es el siguiente:

Saludable

Nivel 1: El nivel de liberación

Nivel 2: El nivel de capacidad psicológica

Nivel 3: El nivel de valor social

Promedio

Nivel 4: El nivel de desequilibrio/rol social

Nivel 5: El nivel de control interpersonal

Nivel 6: El nivel de sobrecompensación

Insalubre

Nivel 7: El nivel de violación

Nivel 8: El nivel de obsesión y compulsión

Nivel 9: El nivel de destructividad patológica

Intenta ser lo más honesto posible a la hora de evaluar su propio nivel. Aunque esto a veces puede exponer verdades incómodas, es el camino más seguro para el crecimiento personal.

Los niveles se pueden entender en términos de nuestra capacidad de estar presentes. Cuanto más descendemos en los niveles, menos presentes estamos y más nos identificamos con el ego y sus patrones negativos. Cuanto más bajos son los niveles a los que vamos, más defensivos, compulsivos y destructivos nos volvemos. Tendemos a ser menos libres, menos conscientes de nosotros mismos y a actuar en un nivel más subconsciente.

Por el contrario, a medida que avanzamos en los niveles, nos hacemos más y más presentes. Somos menos destructivos y cada vez más libres y abiertos. Somos mucho más conscientes de nosotros mismos y más astutos. Es menos probable que nos dejemos atrapar por la negatividad.

Hacerse más presente nos permite ser más objetivos sobre nuestra personalidad y nos volvemos adeptos a la auto observación. Esto nos hace más efectivos en todas las áreas de nuestras vidas, ya sea en las relaciones o en nuestra carrera. Puede traer paz y alegría genuinas a lo que sea que estemos haciendo.

Capítulo Dos - El Reformador (Tipo 1)

También conocido como el Perfeccionista

Quince signos de que eres un Reformador

1. Se esfuerza por hacer del mundo un lugar mejor para vivir. Usted es capaz de ver, en detalle, lo que está mal en una situación y está dispuesto a tomar las medidas necesarias para rectificar las cosas.

2. Usted posee un sentido muy fuerte de que tiene un propósito de vida o una misión que cumplir.

3. Otras personas a menudo lo describen como responsable, confiable y rebosante de sentido común. A veces también pueden acusarte de no tener sentimientos. (¡Tienes sentimientos, solo los mantienes dentro!)

4. Piensa que tiene que hacerlo todo perfectamente, llegando incluso a pensar que usted debe ser perfecto.

5. Usted es muy auto disciplinado - a veces hasta el punto de tener la culpa. Usted tiene poco o ningún problema para cumplir con un horario o una rutina.

6. Odia sentirse estancado y siempre anhelas ser útil de alguna manera.
7. Siente que tiene que controlar todos sus deseos y necesidades muy fuertes.

8. Es de vital importancia para usted que "haga lo correcto"

9. Tiene un miedo intenso de cometer errores o equivocaciones.

10. Tiende a experimentar tensión en sus hombros, cuello y mandíbula.

11. A veces le toma más tiempo que la persona promedio para completar una tarea, lo que es, por supuesto, debido a su ojo excepcional para los detalles.

12. Puede ser muy crítico contigo mismo y con los demás.

13. Puede experimentar decepción y frustración en esos momentos en que la realidad no satisface sus expectativas.

14. Se mantiene a estándares muy altos de excelencia.

¿Esto te suena a ti?

El Reformador: Una visión general

El perfeccionismo puede ser un arma de doble filo. Por un lado, puede causar resultados impresionantes y maravillosamente satisfactorios. Por otro lado, puede llevar a una autocrítica hiriente e incluso a la inacción, en la que el perfeccionista podría ni siquiera comenzar una tarea por miedo al fracaso.

El Tipo Uno del modelo del Eneagrama no carece en absoluto de rasgos admirables como la fiabilidad, la honestidad, el sentido común, la integridad y la nobleza. De hecho, este tipo puede ser francamente heroico. Sin embargo, podrían aprender a ser más amables consigo mismos. Aunque generalmente no se recomienda reducir sus estándares, algunos a veces podrían beneficiarse de tomar tales consejos, ya que las expectativas que acumulan sobre sí mismos, y sobre otros, pueden ser poco realistas y castigadoras.

Este tipo desea hacer del mundo un lugar mejor, ¡¿y qué es lo que no le gusta de eso?! Los ideales elevados están a la orden del día, junto con un fuerte sentido de propósito. ¡Estas personas hacen las cosas bien!

También puede reconocer a un Uno por su meticulosa atención a los detalles: ese compañero de trabajo en el que siempre puedes confiar. Es cierto que pueden tardar más tiempo que la mayoría en completar la tarea, pero el resultado final será, sin duda, impecable. O podría ser el amigo con la increíble autodisciplina, que se mantendrá a la dieta o el régimen de ejercicio y cuya membresía en el gimnasio se utilizará más allá de la tercera semana de enero.

Si desea conservar los buenos libros de One, asegúrese de cumplir sus promesas. Nunca diga que va a hacer algo y luego retrocede u se olvida de eso. Este es un completo no-no y rompe su código ético. ¡Esta buena gente nunca te haría lo mismo! Y no olvide tomarte las cosas en serio. Este tipo no aprecia una actitud frívola. Los sorprenderá y deleitará si usted se une a ellos para especular sobre cómo se pueden mejorar las cosas en el mundo, y hará que todos sus sueños se hagan realidad al tomar acción. Anímelos también a ser menos críticos consigo mismos. Enséñeles que un poco de auto amabilidad llega muy lejos. Por encima de todo, el Uno necesita un amigo que pueda convencerlos de que se diviertan y de que se tomen la vida - y a sí mismos - un poco menos en serio.

Los niveles del reformador

Saludable

Heroísmo

Los Tipos Uno en el Eneagrama son las cosas de las que están hechos los héroes. Me viene a la mente un hombre llamado Gandhi. Él encarnaba las cualidades de Aquel que estaba en su mejor momento, en su capacidad de extraordinaria sabiduría y discernimiento. Su humanidad inspiró una inmensa lealtad e hizo de él un gran líder que miles de personas se sintieron obligadas a seguir. Y no necesitamos buscar más allá de Juana de Arco un ejemplo histórico de Aquella que elevó a muchos y creó el cambio a través del coraje de su convicción y su disposición al sacrificio personal.

No todos pueden ser Gandhi o Juana de Arco, pero dentro de su propia esfera privada de influencia, no importa cuán grande o pequeña sea, a menudo pueden realizar actos de heroísmo cotidiano.

Acción práctica

Una cosa es tener ideales elevados. Otra cosa muy distinta es actuar de acuerdo con ellos. Pero el Uno es un maestro de la acción práctica, esforzándose siempre por ser útil, por arreglar las cosas que consideran rotas y por cumplir su poderosa misión en la vida. Estas personas ponen su dinero donde está su boca. No tienen reparos en hacer sacrificios personales para servir a una causa superior.

Lealtad

El reformador no dirá una cosa y luego hará otra. Son impecables con su palabra. Tampoco harán promesas de hacer algo y luego no hacerlo. Si tiene la suerte de tener la amistad de un Uno, sabes que tiene a alguien que siempre lo apoyará.

Atención al detalle

Uno no dejará un trabajo a medio hacer. Tampoco entregarán un proyecto de mala calidad. Siempre se esfuerzan por alcanzar la excelencia, en pensamiento, palabra y obra. Este tipo siempre está empujando el sobre y elevando los estándares - para ellos mismos y para el mundo en el que viven. Considere estos prominentes en las áreas de política, negocios y entretenimiento. Gente como: Nelson Mandela, Michelle Obama, Anita Roddick (The Body Shop), Martha Stewart, Dame Maggie Smith y Meryl Streep, Confucious, Margaret Thatcher, Plato, George Bernard Shaw, Noam Chomsky, Emma Thompson, Jane Fonda, Jerry Seinfeld, George Harrison, Hilary Clinton, Jimmy Carter, Prince Charles.

Integridad

El profundo sentido de integridad hace de él o ella un excelente maestro y, en general, un testigo y defensor de la verdad. Tienen principios hasta el fondo y los mantendrán incluso a costa de su propia seguridad o comodidad. Puede confiar en que siempre harán lo correcto, incluso si esto va en contra de la sabiduría convencional o de la opinión pública. El Reformador no será sacudido de lo que él o ella cree que es correcto y bueno.

Neutro o Promedio

Insatisfacción

El Reformador en este nivel piensa que depende de ellos arreglar todo. ¡Sienten que saben cómo se debe hacer todo 'y que es su deber absoluto decirles a todos los demás lo que deben hacer también!

Rigidez

Esta rigidez es causada por el miedo a cometer un error. Todo tiene que estar exactamente bien. No hay margen de error alguno, ni para el propio reformador ni para quienes lo rodean.

Demasiado crítico

El reformador dirige esta crítica - no solo a sí mismo - sino también a los demás. ¡Sienten la necesidad de corregir a las personas constantemente, y no de una manera especialmente sensible! Muy bajo nivel de satisfacción.

Insalubre

¡El infierno es otra gente!

No siempre es fácil ser un reformador. Encontrará constantemente a aquellos con sistemas de valores diferentes a los suyos y esto podría alterar sus ideales de alta mentalidad e insistencia en la excelencia. Puede llevarlo a ser justiciero, intolerante, dogmático o inflexible. Puede juzgar severamente a los demás por su incapacidad para ver las cosas de la misma manera que usted.

Obsesión

Existe el riesgo de que los Unos se vuelvan obsesivos por naturaleza. Esto puede manifestarse de varias maneras. Uno de ellos se encuentra en el área de la dieta y la nutrición. En casos extremos, la búsqueda de autocontrol del reformador puede llevar a condiciones como anorexia y bulimia. Algunos también pueden recurrir al alcohol para aliviar el estrés al que se someten. El trastorno obsesivo compulsivo también es un peligro para este tipo.

Ira

El reformador puede enojarse muy fácilmente y este enojo a menudo puede tener un matiz de arrogancia. La ofensa puede ser tomada fácilmente, de la negativa de otras personas a hacer lo que Uno cree correcto. Este enojo - por más justo que sea - desafortunadamente puede tener el efecto de alienar a otros. Esto es una gran lástima, ya que los Unos a menudo tienen un punto muy válido que hacer. Reprimir este enojo tampoco es la respuesta, ya que esto podría manifestarse en problemas de salud como presión arterial alta o úlceras.

Depresión

Este es un destino que puede ocurrirle a una persona con una personalidad dominante de Tipo Uno, cuando el rasgo toma un giro malsano. Un reformador menos que saludable puede ser extremadamente condenatorio, por no mencionar cruel, para sí mismo y para los demás. Las depresiones, las crisis y los intentos de suicidio son el peor resultado posible aquí.

Estándares irrealmente altos

Los de tipos Uno de eneagrama pueden luchar con una intensa decepción cuando la realidad no está a la altura de sus expectativas. Puede hacer que parezcan demasiado negativos o críticos de otros miembros de la familia, amigos o compañeros de trabajo. Puede convertirlos en maestros de tareas muy duras, pedantes e implacables. No es agradable estar en el lado receptor de las constantes críticas y decepciones de una persona malsana por sus esfuerzos.

¡Pero no todo es pesimismo!

Entonces, si usted es de Tipo Uno, un Perfeccionista, un Reformador, ¿cómo puede evitar los posibles escollos y sacar lo mejor de lo que su tipo de personalidad tiene para ofrecer?

Las alas del reformador

Tipo Uno con dos alas (1W2)

¿Qué obtienes cuando cruzas un Tipo Uno con un Tipo Dos? Bueno, para empezar, el Uno se vuelve menos reprimido y un poco más equilibrado emocionalmente por la dirección de los dos y el deseo de complacer a los demás.

A menudo se trata de una persona muy ordenada y de aspecto muy ordenado. El Uno les da una propensión al perfeccionismo y el Dos les hace más sensibles a la crítica. En otras palabras, no quieren ser criticados por su apariencia. Así que su pelo será perfecto y la ropa también lo será. Es posible que se comporten de forma muy correcta y que parezcan tener una actitud bastante condescendiente.

Este subtipo es muy duro para sí mismo. Harán todo lo posible para hacer lo correcto y si también pueden complacer a otros en el proceso, eso es aún más preferible.

La versión saludable de un ala con dos alas es una versión más relajada de uno completo con menos inclinación a ser justamente crítico. ¡Realmente pueden creer y admitir que no siempre tienen razón!

A Uno le gusta corregir a los demás. Con la influencia de los Dos, las correcciones se vuelven más útiles y menos intrusivas. También son más capaces de tolerar las diferencias con el beneficio del ala Dos.

Si el Reformador con el ala Dos experimenta una especie de despertar espiritual, puede llegar a ser un maestro muy inspirador que puede traer alegría y compasión a su práctica. Uno es sabio y Dos es amoroso. En el mejor de los casos, este subtipo puede ser un buen amigo que siempre parece saber lo que tiene que decir o hacer.

Pero ¡oh, Dios mío! Las cosas pueden empeorar cuando el Reformador no está emocionalmente sano y maduro. El perfeccionismo del Uno combinado con el orgullo del Dos puede llevar a problemas. Puede llegar a ser un gran conflicto interno. La introspección autocrítica se acelera y puede ir acompañada de ataques de rabia que descienden hacia el auto juicio y el remordimiento.

Cuando no es saludable, la ira y el orgullo se combinan para crear desesperación. Aquí, el Uno con un ala de Dos se castigará a sí mismo sin parar y el suicidio podría ser el resultado final.

No es de extrañar que el Reformador con dos alas disfrute de un trabajo que implica ayudar a otras personas a ser perfectas. Ejemplos de ello serían los profesores, dietistas y jueces.

Tipo Uno con Nueve alas (1W9)

La combinación del perfeccionismo y el juicio del Tipo Uno con el retiro del estrés del Tipo Nueve hace que sea un subtipo tranquilo, conservador y algo reprimido. No muestran mucha emoción y parecerán muy estrictos, silenciosos y prácticos. También son lentos para expresar sus puntos de vista, pero por lo general actúan a partir de un juicio de principios.

Pueden, por supuesto, brillar cuando están emocionalmente sanos y maduros. Aquí aprenderán a acceder a un calor interior y a ser capaces de ponerlo en primer plano. Aunque todavía pueden ser un poco críticos, tienen en cuenta el hecho de que a veces son capaces de equivocarse. Y, de todos modos, no importa tanto después de todo. En esta etapa aprenden a controlar la propensión de los Nueve a retirarse bajo estrés y esto les permite participar más plenamente en la vida. Son gentiles, responsables, amantes de la diversión y capaces de relajarse y simplemente dejarse llevar.

En su mejor momento, estarán cada vez más alegres y participarán en la vida con mucho gusto. Tendrán una alta autoestima en este nivel. La sabiduría del Uno se fusionará con el altruismo de los Nueve y les permitirá obtener un avance espiritual significativo.

Pero este subtipo también puede ser insalubre y cuando lo son, pueden intentar ejercer demasiado control sobre sus emociones, lo que les dará una rigidez física puntuada por fisuras de energía explosiva.

Las emociones reprimidas están siempre presentes bajo la superficie y se encontrarán como tipos "nerviosos". Serán hostiles y retraídos y sufrirán odio a sí mismos. Pueden ser muy sospechosos y participar en un comportamiento pasivo-agresivo. La mayor parte de esto será embotellado.

Si las cosas se desintegran aún más, pueden parecer robóticas y ritualistas. La ansiedad por realizar las rutinas a la perfección puede llegar a ser extrema. Pueden caer en la psicosis y quedar paralizados por la inacción.

Esta variante del Uno se mantiene erguida y ofrece pocas sonrisas, pero genuinas. Es posible que se sientan atraídos por trabajos que expresen su talento para realizar tareas precisas, como la contabilidad o la programación informática.

Consejos para el Reformador

Sé que no pediste consejo, ¡pero te lo daremos de todos modos! Como Reformador, usted probablemente no siente que necesita ningún consejo, debido a su sentido más alto que el promedio de lo que está bien y mal y a su intenso sentimiento de propósito. Y tienes razón, hasta cierto punto. Cada uno de nosotros necesitamos seguir nuestra propia estrella. Sin embargo, todos tenemos nuestras debilidades también, y a veces puede ser muy útil tener un segundo ojo, por así decirlo, para darnos un mayor sentido de perspectiva.

1. Tenga en cuenta que no todo el mundo verá el mundo en términos en blanco y negro como usted. Hay numerosos tonos de gris y a veces hay que tener en cuenta el término medio.

2. Encuentre una forma saludable de expresar y liberar su ira, una que no implique que otro ser humano tenga que sentir toda su ira, pero al mismo tiempo, significa que no lo reprime todo, lo que podría conducir a graves problemas de salud para usted. También puede ayudar a encontrar menos razones para estar enojado. Aceptar las imperfecciones de otras personas, ¡tal vez! No olvide que la gente puede ser caótica. Si alguien llega tarde a una cita, no significa necesariamente que le falte el respeto o que no valore su tiempo. Podrían estar luchando con el desorden de sus propias vidas. Sea menos crítico con los demás. Y mientras lo haces, ¡sé menos crítico contigo mismo también!

3. Tengan en cuenta la famosa oración de la serenidad: Concédeme la serenidad para aceptar las cosas que no puedo cambiar, el valor para cambiar las cosas que puedo y la sabiduría para conocer la diferencia.

4. Tenga en cuenta que usted tiene una tendencia a almacenar la tensión en su cuerpo, particularmente en la línea de la mandíbula, el cuello y los hombros. Considere la posibilidad de tomar medidas para contrarrestar esto, como la meditación, el masaje u otras

técnicas de relajación. ¡Y por qué no intentar divertirse! Este es un excelente y comprobado camino hacia la relajación. Después de todo, a nadie le gusta un mártir.

5. Es posible que usted haya tenido padres con expectativas muy altas de usted. Si este es el caso, tal vez sea el momento de volver a ser padre y mostrar más suavidad y amabilidad. Recuerda: "Los ángeles vuelan porque se toman a sí mismos a la ligera". No tiene que tomarse tan en serio todo el tiempo. Y recuérdese a menudo que todos cometen errores, incluido usted. No eres un fracaso si cometes un error. Así es como aprendemos. La aceptación de esto es clave. Además, es perfectamente aceptable tener emociones e impulsos humanos. Y a veces "lo suficientemente bueno" es lo suficientemente bueno. La perfección es una ilusión. Así que perdónese por sus imperfecciones. El perdón es un regalo para ti mismo aún más que para el que está perdonando.

6. A menudo siente que el peso del mundo está sobre sus hombros. Afortunadamente, no lo es. Usted es solo una persona y lo está haciendo muy bien.

7. Confíe en su guía interior y, sobre todo, confíe en la vida... Su tendencia a ver tan claramente donde las cosas necesitan ser mejoradas, puede hacerlo ciego a las muchas cosas que son correctas para el mundo. Si mira más de cerca, reconocerá que las cosas a menudo están funcionando.

8. Trate de no sentirse demasiado decepcionado o impaciente si las personas que lo rodean no cambian de inmediato de acuerdo con lo que podría haberles enseñado. No significa que no seas un maestro talentoso, sino que todos se desarrollan a su propio ritmo. ¡La paciencia es una virtud!

Sobre todo, no deje de ser quién es. ¡Hay una razón por la que naciste de esta manera, así que descubre por qué y aprovecha al máximo!

Capítulo Tres - El Ayudante (Tipo 2)

También conocido como el Dador

Quince signos de que eres un ayudante

1. Le encanta estar involucrado en la vida de otras personas.

2. Siempre siente la necesidad de poner a los demás antes que a usted mismo.

3. Tiende a dar mucho tiempo y dinero a la caridad.

4. Es capaz de ver lo bueno en sus semejantes.

5. Necesita que lo necesiten.

6. Puedes agotarte totalmente, corriendo por ahí haciendo cosas para otras personas.

7. Puede sentirse ofendido si alguien rechaza su oferta de ayuda.

8. Requiere aprecio por las cosas que hace por los demás.

9. Sus amigos lo describen como alguien que siempre está dispuesto a hacer un esfuerzo extra.

10. A veces te olvidas de cuidarte y esto puede llevar a un agotamiento físico o emocional.

11. Usted no considera que la vida vale la pena vivir a menos que esté dando a otros de alguna manera.

12. Tiene un miedo profundo y arraigado a la inutilidad.

13. ¡Podría ser una maravillosa cocinera y ama de casa!

14. Usted podría tener una tendencia a usar la comida para "rellenar" sus sentimientos.

15. Las relaciones personales son de suma importancia para usted.

¿Le suena alguno de los puntos anteriores?

El Ayudante: Una visión general

El enfoque del Tipo Dos del Eneagrama se centra mucho en las relaciones. Es lo que hace que estas personas se muevan - hacer conexiones y luego sentir empatía con los sentimientos y necesidades de los demás. Sin embargo, pueden ir demasiado lejos en esta tendencia y pueden retorcerse en todo tipo de formas solo para ganar la aprobación de sus compañeros. La codependencia es una trampa a la que a veces puede caer presa el tipo dos, enorgulleciéndose de lo que pueden hacer por otras personas y sintiendo vergüenza en esos momentos en los que no pueden ayudar o apoyar a los demás.

En cierto modo, nuestra cultura nutre y premia el comportamiento típico de un Tipo Dos, en el sentido de que nos anima a creer que nuestra autoestima proviene de lo que hacemos por otras personas. Especialmente a las mujeres se les enseña este tipo de comportamiento. Aunque ser amable con los demás es, por supuesto, loable, el Ayudante debe protegerse contra la tendencia a asfixiarse o abrumarse. Y nunca es bueno que alguien niegue sus propios intereses y necesidades personales. ¡El agotamiento o el martirio pueden ocurrir! Así que, si eres un Dos, harías bien en equilibrar tu impulso de ayudar a otros con tu propio cuidado.

Como Ayudante, el amor es su meta más alta. Te enorgulleces de ser desinteresado. Usted es a menudo extrovertido y también puede tener el don de crear un hogar cómodo y acogedor para su familia. Usted es un gran empático y a menudo una persona genuinamente bondadosa con un corazón muy cálido. Eres amable y generoso. Solo asegúrate de que tus motivos para ayudar a los demás sean puros.

Ejemplos de dos famosos incluyen a luminarias como el Obispo Desmond Tutu, Byron Katie, John Denver, Dolly Parton, Eleanor Roosevelt, Luciano Pavarotti, Stevie Wonder, Elizabeth Taylor, Martin Sheen, Bobby McFerrin, Lionel Richie, Nancy Reagan, Josh Groban, Paula Abdul y Barry Manilow.

Al tipo dos se le ha dado el nombre de “El Ayudante" por una razón: estas personas son las que más ayudan a los demás *o las que* más necesitan verse a sí mismas.

Niveles del Ayudante

Como con cualquier otro tipo, los Ayudantes difieren en madurez y salud psicológica. Exploraremos el estado de El Ayudante en etapas saludables, neutrales y poco saludables.

Saludable

Amando Incondicionalmente

El Ayudante en su mejor momento es capaz de dar un amor verdaderamente incondicional. Él o ella es humilde y desinteresado, sintiendo que es un privilegio dar y estar involucrado de manera significativa en la vida de los demás.

Empático

La empatía es el segundo nombre del ayudante. Este tipo puede extenderse con compasión y preocupación por sus semejantes. Además, han aprendido el arte y el valor del perdón.

Alentador

El Ayudante en este nivel puede apreciar fácilmente la bondad de otras personas. Han aprendido a equilibrar el servicio con el autocuidado y a dar por todas las razones correctas.

Neutral

La Gente Complaciente

Un aire de desesperación puede a veces arrastrarse en el deseo del Tipo Dos de ayudar a otros. Una especie de aferramiento más que de cercanía. Pueden estar tentados a dar cumplidos que no son completamente genuinos, sino que están destinados a ganar el favor de la persona a la que están halagando.

El Codependiente

Esta etapa implica posesividad e intrusión. La necesidad de ser necesitado puede llegar a ser tan fuerte que el Tipo Dos puede ser profundamente controlador y a la vez decirse a sí mismo que en realidad están siendo amorosos. Quieren que los demás dependan de ellos y, a menudo, se agoten con un comportamiento innecesariamente sacrificado.

Autoimportancia

Es probable que en este nivel se produzca un mayor sentido de la importancia de sí mismo. ¡El martirio realmente puede hacer efecto con el Ayudante creyendo que están siendo mucho más útiles de lo que realmente son! El Tipo Dos a este nivel puede sentir que él o ella es indispensable cuando realmente no lo son, y esto puede hacer que sean condescendientes y dominantes.

Insalubre

Manipulación

¡Oh, Dios mío! Las cosas empiezan a ponerse feas cuando el Tipo Dos exhibe patrones de comportamiento poco saludables. En este nivel, En este nivel, un Dos puede acumularse en la culpa, destacando cuánto creen que la gente les debe por todo lo que han hecho. Este nivel muestra la actitud general de "¡¿Cómo *pudiste* después de todo lo que he hecho por ti?! "Si la gente no muestra el nivel de aprecio requerido, podrían socavarlas de una manera agresiva. En este nivel, los Dos carecerán de la conciencia de sí mismos para ver cuán irrazonable y dañino es su comportamiento. También pueden comenzar a usar alimentos y medicamentos como una forma de automedicación.

Dominador

En este desagradable nivel, los Dos sienten que todos los que han "ayudado" - ¡ya sea que esa persona haya pedido o no esa ayuda en primer lugar o que realmente la haya querido! - les debe una enorme deuda de gratitud y por lo tanto debe "pagar" de la manera que los Dos consideren apropiada. Hay un sentido negativo de derecho cuando este tipo afirma la influencia que sienten que se han ganado.

Resentimiento crónico

Tal resentimiento surge cuando un Dos no saludable entra completamente en modo víctima y se siente abusado injustamente por aquellos a quienes han "ayudado". Por ello, se sienten justificados para mostrar todo tipo de comportamiento irracional y agresivo. Todas estas emociones altamente negativas pueden resultar en serios problemas de salud, tanto físicos como mentales. ¡No es un lugar feliz para estar! Tanto para el Ayudante como para los que les rodean.

Las alas del ayudante

Como se discutió anteriormente, las alas de un tipo se derivan de los dos tipos de números que están físicamente a su lado en la circunferencia de la figura del Eneagrama. Para el Ayudante, el Reformador (Tipo 1) y el Triunfador (Tipo 3) son posibles alas o influenciadores de la personalidad.

Tipo Dos con una sola ala (2W1)

Ya hemos visto que los Tipo Uno son perfeccionistas de corazón. En el lado positivo, son responsables, concienzudos, orientados al progreso y potencialmente heroicos. Su lado de sombra puede ser hipercrítico, ya que está dirigido tanto a sí mismos como a los demás. A veces, también pueden ser resentidos y sentenciosos. Entonces, ¿cómo puede ser un Tipo Dos con una sola ala?

Todo va bien, esta combinación de tipos lleva a una persona que es cariñosa, cálida y generosa, como cabría esperar, pero la influencia de Uno añade resolución y obligación moral. El deseo de hacer el bien se ve reforzado por la motivación del número uno para hacer todo "bien".

El enfoque de la generosidad de Uno se convierte en un impulso para la justicia social bajo la influencia del reformador. El deseo de mejorar el mundo es genuino. El Ayudante con esta ala también está más dispuesto a asumir las tareas poco glamorosas que otras personas suelen evitar, por el bien común. La influencia del Uno en los Dos puede imbuirlos con una columna vertebral más fuerte y una mejor conciencia de dónde los sentimientos pueden amenazar con sobrepasar su buen juicio.

Pero, como siempre, hay un lado negativo. El perfeccionismo destructivo podría levantar su fea cabeza, haciendo que el ayudante piense que ellos, y solo ellos, saben lo que es mejor. Esto los hace imponentes, sermoneadores e intrusivos. También pueden juzgarse a sí mismos muy severamente. Un potencial lado negativo de esta combinación de tipos también puede ser que la Dos tiene aún más problemas para reconocer sus propias necesidades y sentimientos y cree firmemente que su propio deseo personal es egoísta y debe ser aplastado.

Tipo Dos con Tres Alas (1W3)

Examinaremos el Tipo Tres en detalle más adelante. Por el momento, he aquí un breve resumen:

El Tipo Tres es conocido como el Triunfador o el Ejecutor. Como su nombre indica, estas personas tienden a ser ambiciosas, entusiastas y adaptables. Están motivados y nada más que para lograr sus objetivos y recibir la validación de los demás.

Un ala de tres hace a la de dos más social y de buen humor que un ala de uno. Todo se trata del corazón y los sentimientos cuando se trata de este emparejamiento. Las relaciones son buscadas y valoradas. Esta combinación de tipos a menudo posee mucho carisma y otros disfrutan mucho de su compañía. Son anfitriones o azafatas naturales y amables y les encanta organizar fiestas y reunir a sus amigos para celebrar. Tienen una gran generosidad de espíritu y amor para dar de sí mismos para el bien de los demás.

En tiempos de estrés, sin embargo, el 2W3, que percibe los sentimientos de los demás con tanta fuerza, puede verse abrumado por las necesidades de los demás e incluso por sus propias emociones reprimidas. Debido a que los tipos Dos y Tres pertenecen a la tríada centrada en el corazón, carecen de la autoconciencia que la influencia de un tipo de cabeza o cuerpo (como el Uno) les prestaría. Este matrimonio particular de tipos puede llevar a una sensibilidad excesiva si son objeto de críticas. Su sentido del orgullo puede llegar a ser demasiado inflado, lo que puede llevar a un comportamiento autoritario y a arrebatos de ira.

Consejos para el Ayudante

1. Cuídese a sí mismo. Está tan ocupado empatizando con otras personas y apoyándolas en sus necesidades, que se le olvida de sus propias necesidades en el proceso. Sus propias necesidades son tan importantes como las de los demás. Es importante establecer y mantener sus propios límites personales y asegurarse de que descansa adecuadamente, hace ejercicio y se alimenta adecuadamente. No cambie para ganar la aprobación de otro. Al ser usted mismo y establecer límites, puede dar a los demás de manera más auténtica, y

solo puede ser de verdadero servicio a los demás si está equilibrado, saludable y centrado en sí mismo.

2. Antes de ayudar a alguien, considere si realmente necesita o quiere su ayuda en primer lugar. ¿Han pedido su ayuda? Asegúrese de no solo imponer sus ideas sobre cómo deberían ser las cosas e interferir innecesariamente. Además, no depende de ustedes exigir gratitud o decidir la manera en que se expresa dicha gratitud. En su lugar, trate de preguntarle a la gente directamente qué es lo que realmente necesitan. Solo porque usted pueda sentir la necesidad de otro, no significa necesariamente que a ellos les gustaría que usted interviniera y `resuelva' todos sus problemas por ellos. Usted debe estar dispuesto a aceptar un "no, gracias" si eso es lo que viene. Esto no debe considerarse como un rechazo.

3. En el caso de que hagas algo bueno por alguien, no hay necesidad de recordárselo. Es una tentación a la que tiene que resistir. Solo hará que la otra parte cuestione su motivación para ayudarlos en primer lugar y los hará sentir incómodos. También pueden retirarse de usted, si decide comportarse de esta manera. ¡Que la bondad sea su propia recompensa!

4. Comprender que las personas expresan su afecto y aprecio de muchas maneras diferentes. El hecho de que sea de una manera que no sea inmediatamente reconocible para usted y no necesariamente una forma en la que usted mismo habría elegido, no significa que no les importe. Aprende a reconocer las diferentes manifestaciones del amor.

5. Asegúrese de ser honesto acerca de sus propios motivos y de no mentirse a sí mismo acerca de por qué está ayudando a alguien. Si solo lo está haciendo para recibir gratitud, este no es un motivo saludable y bien podrías estar preparándote para la decepción. Usted debe protegerse contra la codependencia en todo momento.

Capítulo Cuatro - El Triunfador (Tipo 3)

También conocido como el Ejecutor

Quince señales de que eres un triunfador

1. Le gusta hacer las cosas y está más que dispuesto a trabajar duro para lograr sus objetivos.

2. Puede ser difícil reducir la velocidad y puede ser difícil encontrar tiempo para relajarse.

3. ¡La paciencia no es una de sus virtudes!

4. Los que lo rodean lo describen como una personalidad "Tipo A".

5. Tiende a almacenar la tensión en el pecho y en el área del corazón.

6. No tiene problemas para dejar de lado sus pasatiempos para perseguir el éxito en su objetivo principal.

7. Le encantan los retos y disfrutas lanzando todo lo que tiene para enfrentarse a ellos.

8. Si al principio no tiene éxito, lo intentará, lo intentará, lo intentará nuevamente.

9. Su mayor temor es el fracaso y esto puede causarle mucho estrés y ansiedad.

10. Se concentra en la apariencia. Puede preocuparse demasiado por su imagen y por cómo lo perciben los demás.

11. Una pregunta que se te hace a menudo es: "¿Cómo logras tanto?"

12. Disfruta mucho de una sensación de finalización y realización. ¡No hay nada como marcar las casillas de su lista de cosas por hacer!

13. Es altamente competitivo y esto es algo que lo impulsa.

14. De alguna manera, usted está "hecho a sí mismo", habiendo llegado a donde está en la vida mediante el trabajo duro y la búsqueda decidida de sus metas.

15. Tiene mucha energía y otros podrían describirlo como que tiene un entusiasmo por la vida que a menudo encuentran atractivo.

¿Qué opina? ¿Han resonado en usted muchos de los puntos anteriores?

El Triunfador: Una visión general

Como su nombre indica, el Tipo Tres en el Eneagrama es todo sobre el éxito. Es de vital importancia para este tipo que se reconozca su éxito. El Triunfador requiere esta validación para sentirse digno. Son altamente enfocados, trabajadores y competitivos. Estos objetivos se encuentran a menudo en el mundo de los negocios, pero no se limitan a esta esfera de ninguna manera. Los Tres son comúnmente un éxito "autodidacta", a menudo experto en el arte del trabajo en red.

Generalmente extrovertido, el Triunfador puede ser a veces carismático. Hay una energía ilimitada y mucho empuje. Su lado oscuro es su miedo secreto al fracaso.

El Triunfador, o el Ejecutor, es frecuentemente consciente de la imagen y como tal, puede ser lento para dejar que su verdadero yo sea mostrado. Esto puede dificultar la intimidad. Los Tres temen que otros se acerquen demasiado para no descubrir cómo son *realmente*.

Debido al fuerte requerimiento de validación externa del Tipo Tres, a veces cometen el error de perseguir el éxito externo mientras ignoran sus necesidades y deseos más profundos. El Triunfador necesita protegerse de caer en tal trampa.

Tres notables de los mundos de la historia, la política, los deportes y las artes incluyen a Bill Clinton, Arnold Schwarzenegger, Oprah Winfrey, Madonna, Lady Gaga, Will Smith, Augustus Caesar, Tony Blair, Andy Warhol, Elvis Presley, Barbra Streisand, Richard Gere, Reese Witherspoon, Anne Hathaway, Justin Bieber, Jon Bon Jovi, Paul McCartney, Lance Armstrong, O.J, Simpson, Truman Capote, Muhammad Ali, Emperador Constantino, Príncipe Guillermo, Carl Lewis, Tony Robbins, Deepack Chopra, Michael Jordan, Sting, Brooke Shields, Tiger Woods, Taylor Swift, Tom Cruise, Demi Moore, Courtney Cox y Kevin Spacey.

Los Niveles de Triunfador

Saludable

Autenticidad

Tan genuinos y atractivos, los Tres en su mejor momento están literalmente goteando dulzura y benevolencia. Han aprendido a aceptarse plenamente a sí mismos y a escuchar sus propios sistemas internos de orientación. Estos Tres son todo lo que parecen ser, ya que han llegado a comprender que no tienen nada que ocultar. Son modestos cuando se trata de sus fortalezas y logros innatos y suelen ser personas de gran corazón con un humor deliciosamente auto despreciable.

Competencia

La alta autoestima de un Tres sano les ayuda a creer en sí mismos y en sus propias capacidades. Este tipo es seguro de sí mismo con mucha energía para hacer el trabajo y hacerlo bien. Existe una confianza intrínseca en sí mismos y una profunda conciencia de su propio valor como seres humanos. Son lo suficientemente competentes y seguros como para adaptarse a todo tipo de situaciones, y siguen siendo graciosos y encantadores en el proceso. Mucha gente se sentirá naturalmente atraída por un Tres sano.

Ambicioso

Estos Tres son ambiciosos en el mejor sentido de la palabra. Nunca despiadados, solo deseosos de ser la mejor versión de sí mismos y de realizar su potencial. La superación personal es una fuerza motriz para estas personas. El saludable Triunfador tiene en él o ella la capacidad de convertirse en un ser humano sobresaliente, que posee una tremenda cantidad de cualidades admirables. Otras personas tienden a admirarlos mucho y tratan de emularlos. Esto hace que los Tres sanos sean un maestro motivador.

Neutral

Impulsivo

El Tipo Tres promedio da mucha importancia a hacer bien su trabajo. Desafortunadamente, a este nivel, su motivación para ello puede ser ligeramente menos saludable y basarse con mayor frecuencia en un abyecto terror de fracaso. Se preocupan mucho por lo que otras personas piensan de ellos y basan su autoestima en el logro de metas. Se dice que la comparación es el ladrón de la alegría. Ciertamente lo es para este tipo. Este menos que saludable Tres se comparará a sí mismo con otros en una búsqueda de su propio estatus y autoestima. Este es el nivel del escalador social o el que cree que una carrera lo es todo.

Conciencia de la imagen

El Triunfador puede preocuparse demasiado por cómo es percibido por los demás. Esto puede hacer que sean "falsos" de alguna manera al tratar de ajustarse a las expectativas reales o imaginarias de los demás. Ciertamente pueden sobresalir en practicidad y eficiencia, pero se arriesgan a perder el contacto con sus sentimientos en su deseo de impresionar. Esto puede llevar a problemas con la intimidad.

Autopromoción

El intenso deseo de impresionar a otros puede hacer que los Tres, en este nivel de madurez, se promuevan a sí mismos incesante y agresivamente. Podrían elevar sus logros a esta causa. Puede parecer un poco como la tendencia infantil de decir “mírame”. Pueden surgir nociones infladas de sí mismos y pueden parecer arrogantes y llenas de desprecio, pero esto es solo un intento de disfrazar sus celos.

Insalubre

Miedo al fracaso

El Triunfador en este nivel está dispuesto a hacer o decir lo que considere necesario para preservar su imagen. El miedo al fracaso y a la humillación es intenso en este momento y puede llevarlos a comportamientos explotadores y oportunistas. Estarán extremadamente celosos del éxito de otra persona y se esforzarán por preservar su frágil ilusión de superioridad a toda costa.

Engaño

Estas personas pueden llegar a estar tan aterrorizadas al pensar que sus errores y fechorías serán expuestos que recurrirán a todo tipo de conductas taimadas para encubrir tales fallas. Esto significa, por supuesto, que no se puede confiar en el Triunfador en este nivel insalubre. Podrían traicionar o sabotear a alguien solo para conseguir uno y sus estados celosos pueden rozar la ilusión.

Narcisismo

Este es el Tres en su peor momento absoluto, cuando sus acciones se corresponden con la descripción del Trastorno Narcisista de la Personalidad. No se detendrán ante nada para arruinar la felicidad de otra persona y su destructividad puede volverse obsesiva. La venganza de los Tres profundamente insalubres puede rozar lo psicópata.

Las alas de los triunfadores

Tipo Tres con Dos Ala (3W2)

Cuando se imagina al vendedor "típico", es muy posible que esté imaginando el Tipo Tres con un ala Dos. El deseo del Triunfador de ser admirado supera el deseo del Type Two de complacer a los demás y hacerlos sentir bien. Aunque, si es posible, pueden hacer ambas cosas. Esta variedad del número tres suele ser extrovertida y puede resultar atractiva e incluso seductora. Su personalidad es alegre y tranquila y estarán deseosos de mostrar su mejor lado y quieren que se les perciba como si estuvieran juntos emocionalmente.

La influencia del ala Dos en la personalidad de los Tres, puede hacer que su "brillo" sea más genuino. En el mejor de los casos, esta variedad de los Tres es grande en auto observación y es probable que sea un tipo humilde. También serán amigables y simpáticos con grandes habilidades sociales que hacen que otros disfruten de estar cerca de ellos. El ala Dos atempera el hambre de los Tres de ser siempre el ganador. Los sentimientos genuinos aparecen y los poderosos lazos de amistad pueden y se formarán.

Un Tipo Tres sano con un ala Dos puede convertirse en un excelente altavoz motivacional, capaz de inspirar gran confianza y optimismo en los demás. Edificante y positivo: piense en Tony Robbins u Oprah Winfrey en su mejor momento.

Sin embargo, cuando no es saludable, una frágil vanidad puede entrar en juego para el Triunfador con un ala Dos. Pueden perder contacto con sus sentimientos más íntimos genuinos mientras construyen una falsa fachada emocional. La autopromoción puede llegar a ser agresiva y agresiva, resultando en una situación de pérdida para todos los involucrados. Pueden parecer agradables y tranquilos por fuera, pero la realidad interna puede ser bastante desagradable y destructiva.

Como la apariencia exterior es importante, el 3W2 normalmente se vestirá bien y de acuerdo con la última moda dominante. Esto se debe a que querrán atraer a la mayor audiencia posible. Pueden sentirse atraídos por el trabajo "glamoroso", tal vez en el escenario, la televisión, la radio o en una posición de alto perfil en el mundo de los negocios.

Tipo Tres con Cuatro Alas (3W4)

Aunque a los Triunfadores con cuatro alas les gustarían ser admirados, preferirían que esto fuera por su singularidad en lugar de atraer a las masas en general - un grupo selecto de seguidores en lugar de atraer a las masas es lo que buscan.

Las Cuatro alas tenderán a hacer que los de Tipo Tres sean más introvertidos y menos cómodos en situaciones sociales, aunque debido a la todavía dominante personalidad del Tipo Tres, podrán ocultar esto con su competencia social. Aún podrán mantener todo junto en momentos de presión.

Un Triunfador sano y maduro con cuatro alas es compasivo, gentil y competente. Esta variante es sabia y socialmente responsable y altamente efectiva en el logro de sus objetivos, al mismo tiempo que permanece intuitiva. Un trabajo adecuado para este tipo sería como orientador profesional o mentor de negocios.

En su mejor momento, el Tipo Tres con cuatro alas es tranquilamente seguro de sí mismo, mientras que posee una visión emocional impresionante. Ellos enseñan a través del ejemplo, influenciando a otros a través de la acción compasiva. Pueden encontrarse en la cima de las organizaciones o entre bastidores, inspirando a otros a dar lo mejor de sí mismos.

Es una historia completamente diferente cuando el Triunfador con un ala de cuatro es inmaduro y malsano. Una falta de equilibrio aquí hará que el impulso de los Tres Influenciados por el éxito sea compulsivo, mientras que al mismo tiempo causará que la introspección de los Cuatro se salga de control. La manipulación sale a la luz y el deseo de ayudar ya no viene de un buen lugar. No son tan grandes socialmente y también pueden caer en el autoengaño. Es posible que sientan la necesidad compulsiva de contarle a otras personas sus logros. En el peor de los casos, pueden ser destructivos para uno mismo y para los demás.

Les gusta parecer atractivos y únicos, que desean marcar tendencias en lugar de seguir siendo la última moda. La variante 3W4 generalmente se basa en profesiones bastante llamativas, como la música, la política, la radiodifusión, el escenario, la industria de la moda y el lado comercial de las empresas.

Consejos para el Triunfador

1. ¡Tómese un descanso de vez en cuando de la incesante búsqueda de sus objetivos! Su salud se beneficiará y también lo harán sus niveles de felicidad. Y no olvidemos a sus seres queridos, que estarán encantados de tener más tiempo con usted. Sus metas le seguirán esperando cuando se despierte de una buena noche de sueño o cuando regrese de unas vacaciones. Y se sentirá más fresco y eficaz que nunca. Sin mencionar que es mejor estar cerca. La ambición y la determinación pueden ser cualidades excelentes, pero deben ser atenuadas por períodos de descanso que, además, le permitan tener tiempo para reconectarse profundamente con sus necesidades y sentimientos internos.

2. Trata de ser completamente honesto contigo mismo. A veces, los de Tipo Tres pueden quedar tan atrapados en el intento de jugar en la galería de cacahuetes que pierden el contacto con lo que realmente necesitan para ser felices. Tómese su tiempo para considerar lo que el éxito realmente significa para usted. ¿Cuáles son sus valores? ¿Qué lo hace feliz? Solo cuando te conectas verdaderamente con la realidad de lo que eres, puedes lograr una libertad real.

3. Como la intimidad a veces puede ser un desafío para usted, vale la pena tomarse el tiempo y los problemas para conectarse con algunas personas elegidas en un nivel más profundo. Esto requiere autoconciencia y la voluntad de relajarse y practicar el aprecio por aquellos que amas

4. Te beneficiará enormemente involucrarte en proyectos que no están relacionados con tu ambición final u objetivos profesionales. Te llevará fuera de ti mismo de una manera saludable y trascenderá tu preocupación por las opiniones de los demás.

Capítulo Cinco - El Individualista (Tipo 4)

También conocido como El Romántico

Un mensaje corto del Autor:

¡Hey! Siento interrumpir. Solo quería saber si le gusta el audiolibro del Eneagrama. ¡Me encantaría escuchar sus comentarios!

Muchos lectores y oyentes no saben lo difíciles que son las críticas y lo mucho que ayudan a un autor.

Así que estaría increíblemente agradecido si pudieras tomarte solo 60 segundos para dejar una comentario rápido de Audible, ¡incluso si es solo una o dos frases!

Y no te preocupes, no interrumpirá este audiolibro.

Para ello, solo tienes que hacer clic en los 3 puntos de la esquina superior derecha de la pantalla dentro de la aplicación Audible y pulsar el botón "Calificar y Revisar".

Esto le llevará a la página de "Calificar y Revisar" donde podrá introducir su clasificación por estrellas y luego escribir una o dos frases sobre el audiolibro.

¡Es así de simple!

Espero con interés leer su reseña. ¡Déjeme un pequeño mensaje ya que yo personalmente leo cada crítica!

Ahora te guiaré a través del proceso mientras lo haces.

Solo tiene que desbloquear el teléfono, hacer clic en los 3 puntos de la esquina superior derecha de la pantalla y pulsar el botón "Calificar y Revisar".

¡Introduzca su clasificación por estrellas y listo! Eso es todo lo que necesita hacer.

Le daré otros 10 segundos para que termine de escribir sus comentarios.

----- Esperar 10 segundos -----

Muchas gracias por tomarse el tiempo para dejar un breve comentario de Audible.

Estoy muy agradecido ya que su revisión realmente marca una diferencia para mí.

Ahora volvamos a la programación estipulada.

Quince signos de que eres un individualista

1. Necesita mucho tiempo a solas para recargarte.

2. Puede ser un artista, no solo un artista visual, sino también un bailarín, un escritor o un músico.

3. Tiene una tendencia a sentir melancolía y puede deprimirse cuando los tiempos se ponen difíciles.

4. A veces se siente atormentado por el pensamiento de que algo falta en su vida y esto contribuye a un profundo sentido de anhelo.

5. La autenticidad es importante para usted, tanto en su trabajo como en sus relaciones.

6. Usted se ve a sí mismo como fundamentalmente diferente a otras personas.

7. Es probable que usted sea brutalmente honesto y no tienda a ocultar sus verdaderos sentimientos o motivaciones de sí mismo o de los demás.

8. Está dispuesto a revelar cosas sobre sí mismo que la mayoría nunca revelaría por miedo a ser avergonzado.

9. Usted tiene un profundo anhelo de conectarse con otras personas y tiende a sentirse incomprendido.

10. Ha tenido a más de una persona en tu vida diciéndole que es "complicado" o "raro".

11. Sufre de baja autoestima y a veces se siente muy solo en el mundo.

12. Es una persona muy sensible, y le cuesta mucho dejar atrás las heridas del pasado.

13. Prefiere tener una amistad cercana que cien superficiales.

14. Otros a veces lo acusan de ser temperamental.

15. Artista o no, le encanta rodearte de arte y cosas bonitas.

¿Tienes muchas alarmas en la cabeza en este momento?

El panorama individualista

Al Tipo Cuatro del Eneagrama le gusta pensar en sí mismo como diferente o único, de hecho, basando su propia identidad en esa singularidad. Sentirse diferente es un arma de doble filo para este tipo. Por un lado, puede hacer que se sientan especiales y superiores y, por otro, aislados y solos.

El Individualista a menudo se sentirá atraído por las artes. Podrían hacer una carrera en esta área, convirtiéndose en bailarines, escritores, artistas visuales, músicos o escultores, por ejemplo. O tal vez trabajen en estrecha colaboración con artistas, tal vez administrando museos o galerías o llevando las artes a la educación. O tal vez expresen este aspecto de sí mismos en la forma en que se visten o se presentan, o simplemente en los estilos de vida idiosincrásicos que llevan.

La sensibilidad de este tipo es aumentada y son almas emocionalmente complejas. La autenticidad es importante para el Triunfador y él o ella anhela ser apreciado por su propio ser auténtico. Este tipo no tiene capacidad ni interés en relaciones superficiales. A menudo se sienten poco apreciados o malinterpretados por los demás y, en estas circunstancias, tienden a retirarse del mundo.

La vida interior de los de Tipo Cuatro es rica y pasarán mucho tiempo inmersos en su propio mundo interior. Esta actividad es importante para ellos y les ayudará a procesar sus sentimientos internos. A veces, pueden expresar su vida interior de manera artística. Pero es importante que no se retiren completamente de la vida real.

Los de tipo cuatro pueden ser perseguidos por la noción de que algo fundamental falta en sus vidas y esto les deja con un sentido de anhelo, que puede transformarse en melancolía. En tiempos de gran estrés, esto puede convertirse en una depresión total. La auto absorción a un nivel poco saludable es una trampa en la que pueden caer.

Es importante que el Individualista/Romántico se esfuerce por ser su propio salvador en lugar de buscar a otros para que los rescaten. Deben aprender a valerse por sí mismos. ¡Sé tu propio rescate, número Cuatro!

Ejemplos de luminarias a lo largo de la historia que han sido de Tipo Cuatro incluyen: Rumi, Tchaikovsky, Anne Frank, Frida Kahlo, Rudolf Nureyov, Joni Mitchell, Leonard Cohen, Jackie Kennedy Onassis, Chopin, Gustav Mahler, Edgar Allen Poe, Virginia Wolfe, Anais Nin, Anne Rice, Martha Graham, Hank Williams, J.D. Salinger, Tennessee Williams, Billie Holiday, Cher, Alanis Morrisetter, Florence Welch, de Florence and The Machine, Stevie Nicks, Judy Garland, Cat Stevens, Annie Lennox, Amy WInehouse,

Johnny Depp, Nicholas Cage, Angelina Jolie, Marlon Brando, Jeremy Irons, Prince, Kate Winslet y Winona Ryder.

Los niveles individualistas

Saludable

Creatividad

En su mejor momento, el Individualista sano es un ser profundamente creativo. Esta corriente creativa fluye con fuerza y libertad, ya que expresa sus propios sentimientos personales y al mismo tiempo inspira a otros a conectarse con su propia creatividad e incluso a llevarla a nuevos niveles. Los de Tipo Cuatro sanos entienden que lo personal es universal. Ella puede transformar cualquier dolor que haya experimentado en oro, inspirando a otros en el proceso. Este flujo constante de creatividad permitirá al individualista autorrenovarse y autogenerarse.

Autoconciencia

La tendencia innata de los Cuatro a la autorreflexión lleva a una comprensión profunda de sí mismos que también pueden utilizar para el servicio de los demás, ayudándoles a comprender también sus sentimientos y motivaciones. Son intuitivos, en contacto con sus impulsos internos y sensibles al extremo, pero de manera positiva. Ayudan y tratan con otras personas de una manera compasiva, con tacto y gentil.

Individualismo

¡La pista está en el nombre! Aquí, el fuerte sentido de individualismo de los Cuatro se expresa de una manera saludable. Los Cuatro en esta etapa de su desarrollo se conocen a sí mismos extremadamente bien y siempre son fieles a sí mismos. El Tipo Cuatro en este nivel es emocionalmente honesto hasta la falta y no tiene problemas para revelar su verdadero yo, debido al conocimiento de que toda la gama de emociones es común a todos. Entienden que el coraje para mostrar y expresar vulnerabilidad es en realidad una fortaleza. Profundamente humanas, estas personas pueden ser sorprendentemente divertidas y poseen una visión muy irónica de la vida. Los que los rodean confían en su fuerza emocional.

Neutral

Romanticismo

Los de Tipo Cuatro en este nivel de madurez se esfuerzan por crear una vida estéticamente bella para sí mismo. Esto se debe a que un ambiente magnífico los eleva y eleva su estado de ánimo. Esto podría manifestarse en una hermosa casa con obras de arte originales adornando las paredes. Aunque los Cuatro no son completamente inmunes a la conciencia de la imagen, él o ella está más preocupado por elegir un arte visual que le hable a su alma. El individualista o el romántico en este nivel tiene una rica vida de fantasía y da un gran valor a la pasión y a la imaginación.

Auto absorción

En un nivel algo más bajo, la tendencia de los de Tipo Cuatro es desaparecer demasiado profundamente en sus propias cabezas. Ellos internalizarán todo, volviéndose malsanamente introvertidos y demasiado temperamentales. Aquí, el Individualista será tímido y tímido y se retirará en lugar de tratar con sus problemas y enfrentarse valientemente al mundo. Son hipersensibles y harán todo lo posible por proteger su imagen de sí mismos -esencialmente manteniéndose alejados de otras personas, a las que temen que puedan dañarla con demasiada facilidad.

Autocompasión

Esta tendencia a profundizar en su interior puede descender a los Cuatro viviendo en una especie de mundo de fantasía en el que desarrollan un sentimiento de desdén por sí mismos y por los demás. Pueden usar esto como una excusa para ser indulgentes con sus emociones y hábitos y, en consecuencia, llevar una vida decadente y demasiado sensual. Una inclinación saludable hacia el soñar despierto se sale de control y se vuelven cada vez más improductivos y poco prácticos. Los de Tipo Cuatro pueden tener envidia de otros en este nivel de madurez y esto los hace aún más melancólicos.

Insalubre

Alineación

Los de Tipo Cuatro experimentan alienación de sí mismos y de los demás. Tal vez se han sentido decepcionados por sueños que no se han hecho realidad o por personas que los han defraudado. Ellos estarán muy enojados consigo mismos y esta ira puede volverse hacia adentro y convertirse en depresión. Se sienten bloqueados, tanto emocional como creativamente, y esto puede convertirse en una sensación de parálisis. El sentimiento de vergüenza puede ser profundo y todas estas emociones negativas pueden dejar a los Cuatro tan agotados que apenas pueden funcionar.

Autodesprecio

Los de Tipo Cuatro, profundamente malsanos, se tratan a sí mismos con desprecio y creen absolutamente que así es como otras personas los ven también. Están atormentados por pensamientos desesperados sobre sus fallas que lamentablemente conducen a sentimientos de odio a sí mismos. La propensión para culpar a otras personas por todo este dolor hace que los Cuatro rechacen a cualquiera que intente ayudarlos.

Desesperación

Un sentido de desesperanza abunda y conduce a pensamientos y comportamientos autodestructivos como el abuso de alcohol y drogas. Escapar del dolor profundo es el objetivo aquí. En el peor de los casos, la difícil situación de los Cuatro insalubres es el colapso psicológico o incluso el suicidio.

Las alas individualistas

Tipo Cuatro con Tres Alas (4W3)

Piensa en la creatividad, la curiosidad y una inteligencia viva. Esta variante de la personalidad del Tipo Tres tiene una multitud de ideas y sabe cómo usarlas. La rica vida de fantasía de los de Tipo Cuatro está casada con el empuje y la capacidad de acción de los Tres, lo que da como resultado que los sueños se conviertan en realidad y que los negocios creativos prosperen.

La practicidad de los Tres equilibra la propensión de los Cuatro al drama y a la melancolía. La atención se centra sobre todo en la carrera profesional y en objetivos ambiciosos. El ala de los de Tipo Tres puede dar a los de Tipo Cuatro más confianza y extroversión.

¡Puede atraer a los Cuatro normalmente introvertidos a más entornos sociales y en realidad podrían disfrutar de actividades grupales! Los de Tipo Tres también prestan energía que saca a los de Tipo Cuatro de sus cabezas y los lleva al mundo.

La otra cara de la moneda, cuando los aspectos negativos de los Cuatro se combinan con los aspectos negativos de los Tres, es una historia diferente. Entonces esta variante luchará contra la vergüenza. Se obsesionarán con la imagen que proyectan y sus relaciones se llenarán de todo tipo de drama. Pueden buscar un sentido de autenticidad fuera de sí mismos, donde nunca está. Intentarán todo tipo de tácticas para buscar la aprobación, enfureciéndose y siendo competitivos en el proceso. Incluso pueden tener dificultades financieras, ya que gastan demasiado en un esfuerzo por impresionar.

Tipo cuatro con cinco alas (4W5)

La saludable tensión de esta fusión resulta en una maravillosa mezcla del corazón y la mente. La inclinación de los de Tipo Cuatro a profundizar en los sentimientos se ve atenuada por la imparcialidad de los de Tipo Cinco. Esto puede permitir que el Individualista vea su vida de una manera más objetiva - es más probable que los hechos se pongan en juego. Además, la profundidad del sentimiento de los Cuatro combinada con la energía cerebral de los Cinco crea a alguien que es a la vez sabio y empático.

La capacidad intelectual de los Cinco complementa maravillosamente la visión profunda del Individualista. Los de Tipo Cuatro y Cinco son un grupo profundo, sensible y perspicaz, a menudo de formas innovadoras. A menudo son callados e introvertidos por fuera, pero hay mucha actividad dentro de ellos, tanto intelectual como emocionalmente.

Cuando la mezcla no va tan bien, los de Tipo Cuatro con cinco alas pueden verse abrumados por pensamientos y emociones fuera de control. Su vida interior se vuelve tan intensa que es casi insoportable para ellos. Cuando se le tortura lo suficiente, el 4W5 se retirará del mundo, incluso de aquellos que están cerca de él, sintiéndose dolorosamente solo. Sus relaciones podrían sufrir y también sus carreras. Su mundo interior se convierte en su realidad y rechazarán todas las ofertas de ayuda, porque les resulta difícil confiar. Sienten que el peso del mundo está sobre sus hombros y pueden encontrar un desafío incluso para cuidar de sus propias necesidades básicas.

Consejos para el individualista

1. El orden y la disciplina no son sus enemigos naturales, especialmente cuando son autoimpuestos. Como un Tipo Cuatro, usted necesita una dosis saludable de disciplina para llevar sus ideas inspiradas al mundo, por ejemplo, como productos artísticos o negocios centrados en el corazón. Soñar despierto solo te llevará hasta cierto punto. ¡El mundo necesita soñadores que hagan realidad sus sueños!

2. Protéjase contra su tendencia a la autocomplacencia, por ejemplo, cuando se trata de comida, alcohol o drogas. Puede ayudarse esforzándose por mantener el equilibrio en su vida, fomentando hábitos saludables como el sueño regular, el ejercicio y una buena nutrición.
3. No sea esclavo de sus patrones de pensamiento negativos. Es muy fácil para los de Tipo Cuatro estresados ser víctimas de los demonios en sus propias cabezas. Encuentre maneras de distraerse cuando se encuentre en un camino negativo - un programa de comedia favorito, música edificante o un paseo por la belleza de la naturaleza son solo algunos ejemplos. No te dejes llevar por este camino. Es el equivalente de una paliza.

4. No eres tus sentimientos. Los sentimientos son del momento. No son fijos y no definen tu carácter - no son lo que eres. No hay necesidad de dejar que te desvíen, ya que pueden ser muy engañosos.

5. No espere hasta que esté listo para intentar algo o hacer algo. Puede que nunca te sientas preparado - ¡un Tipo Cuatro rara vez lo estará! El truco es hacerlo asustado. Para arar a pesar de todo, incluso si todas las piezas no parecen estar en su sitio. Hay un poder real en hacer un comienzo y usted se sorprenderá de cómo las cosas se juntan a medida que avanza. ¡Solo hazlo!

Capítulo Seis - El Investigador (Tipo 5)

También conocido como el Observador o el Sabio

Quince signos de que eres un investigador

1. Usted tiene una necesidad insaciable de averiguar por qué las cosas son como son - científicamente y de otra manera.

2. Tiene un fuerte impulso de cuestionar el *statu quo.*

3. Siente que un día en el que no has aprendido nada nuevo es un día perdido.

4. Si un tema o actividad capta su interés, concentre su atención en él con atención, hasta que lo haya dominado por completo.

5. ¡Usted podría haber sido descrito por otros - ya sea a la cara o de otra manera! - cómo excéntrico.

6. Odia que lo presionen para que tome decisiones rápidas.

7. Usted está inclinado a mantener la tensión en su intestino.

8. A veces puedes sentir que estás "atascado" en tu cabeza y que se necesita un gran esfuerzo para volver a entrar en tu cuerpo.

9. No le gustan las charlas triviales. Lo encuentra incómodo y, francamente, una completa pérdida de tiempo.

10. Su privacidad es de suma importancia para usted y es muy común que experimente a otras personas como intrusivas.

11. Es posible que sienta la necesidad de adquirir conocimientos y experiencia en un intento por superar sentimientos profundamente arraigados de insuficiencia y duda de sí mismo.

12. Es muy probable que usted sea un experto en su campo y ese campo puede ser académico o altamente técnico.

13. Usted tiene una propensión a replegarse en la seguridad de su mente cuando la vida parece demasiado amenazante o exigente.

14. Lo más probable es que usted sea un hombre culto, por no mencionar que es considerado e inteligente.

15. Le toma un tiempo sentirse cómodo con otra persona, pero una vez que has alcanzado ese nivel de comodidad, eres un compañero devoto y es probable que esa amistad dure toda la vida.

¿Crees que podrías ser un Tipo Cinco?

La descripción general del inspector

El investigador pasa mucho tiempo en su propia cabeza. Esta es una similitud que tienen con los Cuatro, pero mientras que la zona de comodidad de los Cuatro está en el reino de la imaginación y las emociones, los Cinco existen cómodamente en el intelecto. El

Inspector tiene la costumbre de retirarse al mundo del pensamiento cuando la vida es demasiado. Este es su lugar seguro, donde pueden prepararse para enfrentar el mundo exterior una vez más porque les gusta estar preparados y odian absolutamente que los pongan en el lugar. Temen, de hecho, que no tienen lo que se necesita para enfrentar plenamente la vida

El investigador, como su nombre indica, a veces tiene una orientación científica, pero también puede aspirar a la excelencia en el área de las humanidades.

El tipo Cinco puede parecer excéntrico. Esto podría tener algo que ver con su negativa a doblar sus creencias para conformarse a la opinión dominante. La libertad de pensamiento es de suma importancia para el Observador, pero pueden ser tímidos y luchar cuando se trata de tratar y expresar sus emociones. Por esta razón, las relaciones pueden ser difíciles para el tipo Cinco. Esto les hará sentirse solos a veces. Su naturaleza independiente también puede aumentar el desafío de las relaciones, tanto en el sentido romántico, como también cuando se trata de aceptar la ayuda de personas bien intencionadas.

El investigador puede ser un alma muy sensible. Esto hace que se sientan vulnerables, por lo que suelen adoptar mecanismos de supervivencia para protegerse. Esto puede hacer que parezcan intelectualmente arrogantes o descuidadamente indiferentes. ¡Esto tampoco ayuda en las relaciones! Pero si aprende a penetrar estas barreras, tiene un amigo para toda la vida.

Debido a su necesidad de privacidad y miedo a la intrusión, los Cincos suelen disfrazar sus fuertes sentimientos. Este disfraz puede ser extremadamente efectivo. Para algunos de Tipo, uno de sus mayores temores es sentirse abrumado, por lo que intentan mantener sus vidas lo más simple posible, haciendo pocas demandas a los demás con la esperanza de que tendrán pocas demandas a cambio.

Cincos históricos o famosos incluyen: Albert Einstein, Stephen Hawking, Vincent Van Gogh, Georgia O'Keefe, Emily Dickinson, Bill Gates, Eckhart Tolle, Alfred Hitchcock, The Buddha, Oliver Sacks, Edvard Munch, Friedrich Nietzsche, James Joyce, Jean-Paul Sartre, Stephen King, Salvador Dalí, Agatha Christie, Mark Zuckerberg, Kurt Kobain, Peter Gabriel, Marlene Dietrich, Jodie Foster, Gary Larson, David Lynch, Tim Burton, Stanely Kubrick, Annie Liebovitz y Susan Sontag.

Los niveles de los investigadores

Saludable

Visionario

Los de Tipo Cinco sanos son de mente abierta hasta la médula. Él o ella puede ver el cuadro completo al mismo tiempo que aprecia y comprende las minucias. Su visión del mundo es visionaria, viendo todo lo que se puede mejorar para las generaciones futuras y teniendo alguna idea de cómo hacer que estas mejoras sucedan. Son los pioneros del mundo; son los científicos que hacen descubrimientos innovadores y los intelectuales que cambian la forma en que percibimos las fuerzas que nos rodean.

Observador

Los Cinco sanos no se pierden nada. Su estado de alerta mental es extraordinariamente agudo y su capacidad para concentrarse y concentrarse es insuperable. Son perceptivos y perspicaces con una curiosidad ilimitada. Su intelecto siempre está buscando algo nuevo en lo que hundir sus dientes.

Experto

A menudo encontrarás a uno de Tipo cinco en el cenit de su archivo elegido, ya que tienen una capacidad aparentemente ilimitada para alcanzar el dominio de lo que sea que les interese. Encuentran el conocimiento muy emocionante y su pasión a menudo les hace innovar e inventar. Su trabajo es a menudo muy original y de gran valor para el mundo. El investigador a este nivel saludable es frecuentemente independiente y posee algunas idiosincrasias maravillosas.

Neutral

Conceptualización

Por lo general, los Cinco resolverán todo en sus mentes antes de actuar en base a una idea. Esto les permite afinar todo desde el principio. Les encanta estar preparados y tienen todos los recursos necesarios al alcance de la mano. Son estudiosos y trabajadores y a menudo se convierten en especialistas dentro de sus campos, sin tener miedo de desafiar la forma aceptada de hacer las cosas.

Separado

El investigador, o el observador, puede a veces involucrarse tanto en su mundo intelectual o en el complejo proyecto en el que están trabajando, que se alejan bastante de la realidad. Pierden el contacto con el mundo real, a menudo de una manera bastante desencarnada y se preocupan tanto por sus visiones que asuntos como las relaciones se quedan en el camino. En este punto, los Cinco muestran una especie de alta intensidad de encordado e incluso pueden desarrollar una fascinación con temas poco convencionales o perturbadores.

Antagonista

Cuidado con tratar de interferir con el mundo interior de los Cinco no tan maduros. ¡No te lo agradecerán! Defenderán su visión personal a toda costa, volviéndose agresivos y groseros con aquellos que se oponen a sus puntos de vista, a menudo radicales.

Insalubre

Tímido

La timidez de un Cinco insano puede ir a toda marcha. No solo se aíslan de otros humanos, sino también de la realidad. Su excentricidad ya no es agradable y su personalidad se vuelve cada vez más inestable. Evitan la compañía y tienden a vivir una existencia ermitaña.

Obsesivo

Esta es la obsesión en su forma más malsana. Sus ideas se vuelven amenazantes, incluso para ellos mismos. El investigador en este estado está delirando y sufre de fobias.

Trastornado

En el nivel más bajo posible, estamos en el área de los trastornos esquizotípicos de la personalidad. Es un estado peligrosamente autodestructivo y el resultado final puede ser la psicosis o el suicidio.

Las alas del investigador

Tipo Cinco con cuatro alas (5W4)

La influencia de las cuatro alas en la personalidad del Tipo Cinco puede hacer que se sientan más cómodos a la hora de expresar sus emociones. Todavía son curiosos, reservados y quizás un poco más creativos.

No es de extrañar que a los de Tipo Cinco con un cuatro alas les guste estar solos, ya que ambos tipos en su pureza disfrutan de un tiempo a solas.

Las fortalezas del 5W4 incluyen una capacidad de atención profunda y la capacidad de observar y comprender los detalles más pequeños. Piensan y se expresan de forma creativa y trabajan bien de forma independiente. Pero como todo el mundo, el Tipo Cinco con ala Cuatro no es perfecto. Él o ella puede ser hipersensible y también luchar, a veces, para pensar de una manera práctica y realista. Pueden ser demasiado egocéntricos y son propensos a distanciarse de otras personas.

Si usted necesita comunicarse con un Investigador con cinco alas, deberá ser lo más claro posible y darles el tiempo adecuado para que lo procesen antes de presionarlos para obtener una respuesta. Si está trabajando con ellos, se le aconsejaría que redujera al mínimo las reuniones, que fuera conciso en sus explicaciones y sensible al dar retroalimentación.

Esta variante del Observador se energiza adquiriendo conocimientos, nuevas habilidades y siendo apreciado. Se sentirán agotados si tienen que pasar demasiado tiempo con otras personas o se ven obligados a vivir situaciones que los abruman. ¡Y ciertamente no aprecian las duras críticas!

Tipo Cinco con seis alas (5W6)

Cuando las seis alas es dominante en el Tipo Cinco, el Investigador se vuelve más cooperativo. Tal persona también estará más inclinada a utilizar sus impresionantes conocimientos para resolver problemas que para intelectualizarlos. Esta modificación de los Cinco se inclina a ser lógica, independiente y práctica. Desean ser útiles y poner en práctica sus conocimientos. Quieren hacer del mundo un lugar mejor y sentirse más dignos en el proceso.

Sus rasgos más positivos incluyen cualidades como la concentración y la buena organización, por no mencionar la pasión por aprender y mejorar. A menudo tienen una gran capacidad para resolver problemas complejos y son del tipo que uno quiere tener alrededor en una crisis, ya que son expertos en mantener la calma.

Sin embargo, el Tipo Cinco con seis alas tiene varios puntos ciegos. Pueden tener dificultades para relacionarse con otros y pueden ser demasiado defensivos en su deseo de proteger su privacidad. Pueden parecer fríos y distantes y necesitan ser inspirados para tomar cualquier acción.

A este investigador alternativo le encanta resolver problemas, especialmente cuando los hace sentir como si estuvieran haciendo una valiosa contribución a la sociedad. Su búsqueda de conocimiento es entusiasta, especialmente cuando se trata de áreas en las que están personalmente interesados. Se agotan al pasar demasiado tiempo con otros y se energizan al pasar tiempo a solas. Siempre esté consciente de su propensión a dudar de sí mismo en sus relaciones con ellos.

Consejos para el investigador

1. Quédate en tu cuerpo. Su intelecto es una herramienta maravillosa, pero también es necesario estar conectado con otras personas y con el mundo real. Una excelente manera de hacerlo es mantenerse en contacto con su cuerpo y sus sensaciones físicas a través del ejercicio.

2. La confianza es un problema para los Cinco y debido a esto, pueden encontrar muy difícil abrirse a otras personas. Cuando experimentan conflicto en una relación, su tendencia natural es retirarse y aislarse. Esto, por supuesto, no es un comportamiento particularmente saludable. El investigador haría bien en recordar que los conflictos son una parte normal de toda relación y que el curso de acción apropiado es resolver las cosas.

3. Es difícil para el Tipo Cinco del Eneagrama relajarse. Esto se debe a su intensidad innata. Por lo tanto, es importante que los Cinco busquen formas de reducir la tensión que sean adecuadas y apropiadas. Se recomienda meditación, yoga y correr.

4. ¡Los Cinco pueden perder su sentido de la perspectiva y fácilmente sentirse abrumado ya que hay muchos factores a considerar! Para ayudarle a hacer una evaluación precisa en estas circunstancias, busque el consejo de alguien en quien confíe (¡después de trabajar primero en sus problemas de confianza!).

5. Sea selectivo en los proyectos en los que decida participar. Asegúrate de que son afirmativos y que te llevan en la dirección en la que quieres ir. Asegúrese de no distraerse de manera indigna y de no perder su precioso tiempo.

Capítulo Siete - El Leal (Tipo 6)

También conocido como el escéptico leal o el tradicionalista

Quince señales de que eres Leal

1. Se aferra a amistades y situaciones tóxicas por más tiempo del que debería.

2. Es percibido, y con toda razón, como un buen solucionador de problemas. Esto se debe a que usted es excelente para anticiparse a los problemas y encontrar las soluciones adecuadas.

3. Puede mantener mucha tensión en el área alrededor de su diafragma.

4. Te preocupas mucho. Seamos realistas, ¡hay tantas cosas que pueden salir mal!

5. Es leal a las ideas y a los sistemas de creencias, así como a sus amigos y familiares.

6. Puede tener problemas para conectarse con su propio sistema de guía interna. Esto puede hacer que usted no confíe en su propio juicio.

7. Una sensación de seguridad es de suma importancia para usted y encontrar y aferrarse a esta seguridad es una fuerza impulsora.

8. Tiende a pedir consejo a muchas personas diferentes antes de tomar una decisión. Sin embargo, a medida que usted madura, la cantidad de personas en cuya opinión usted confía puede disminuir.

9. Es contradictorio en su naturaleza y tu personalidad contiene muchos opuestos. Esto se debe a que usted tiende a ir y venir entre varias influencias diferentes. Parafraseando a Walt Whitman: ¡eres grande, tienes multitudes!

10. Las personas que te rodean saben que eres de confianza y que pueden confiar en ti. Siempre estás ahí para ellos.

11. Aprecia el orden. Es importante que usted tenga una estructura firme, que haya verificado todos sus hechos y que tenga un plan de respaldo.

12. La paz mental puede ser difícil de alcanzar para usted.

13. Puede sospechar de otras personas y autoridades. Usted espera hasta que la persona u organización haya demostrado su valía antes de confiar en ellos.

14. Puede tener una tendencia a actuar desafiante contra lo que sea que encuentre amenazante. En este caso, usted puede convertirse en un rebelde y desafiar a la autoridad.

15. Es responsable, trabajador y digno de confianza. Aquellos que tienen la suerte de tener su amistad saben que siempre estarán a su lado.

¿Dijiste "ese podría ser yo" más de un par de veces? Si es así, siga leyendo. ¡Podrías ser una persona Leal!

Descripción general de una persona Leal

Como un Tipo Seis, usted anhela seguridad por encima de todo lo demás. Esto se debe a que luchas con un sentido profundamente arraigado de ansiedad que está en el centro de tu ser, seas consciente de ello o no.

El Tipo Seis en El Eneagrama tiende a preocupar mucho. No tienen ningún problema en imaginar todo tipo de escenarios, extravagantes o no, en los que todo sale mal. Temen que no hay nada lo suficientemente estable como para aferrarse a él, por lo que intentan crear esa estabilidad para sí mismos, a menudo en las relaciones personales.

Su propensión para imaginar cada uno de los posibles resultados desastrosos hace del Tipo Seis un excelente solucionador de problemas y, por lo tanto, muy útil para que otros lo tengan a mano. Pero esto no es un gran consuelo para el Lealista, que lucha por encontrar paz mental con este enfoque constante en los problemas potenciales.

Esto también puede tener el efecto de hacer que los Seis carezcan de espontaneidad. Porque ¿cómo pueden llevar a cabo una acción sin una planificación meticulosa? Si no lo hacen, ¿no colapsará todo como un castillo de naipes?

Es mucha ansiedad vivir con ella. También hace que los Seis sean más sospechosos que la persona promedio. Realmente tiene que demostrar su valentía para ganar la confianza de los Leales. Pero una vez que lo logra, tiene un amigo firme de por vida. La lealtad es un rasgo fantástico, pero los Seis harían bien en asegurarse de que no se mantendrán leales a alguien o algo mucho después de que sea hora de dejar de lado.

Los Seis a menudo tienen una relación complicada con la autoridad. Por un lado, su deseo de tener a alguien o algo en lo que creer puede hacer que cedan su control a una fuerza externa. Por otro lado, también tienen la propensión a desconfiar y sospechar de la autoridad. ¡Qué confuso! A veces un individuo de Seis se inclina más en una dirección que en la otra. A veces, pueden ir y venir entre estas dos actitudes diferentes.

El Lealista también tiene dos estrategias diferentes cuando se trata de lidiar con el miedo. Una estrategia es fóbica, lo que hará que cumplan y cooperen. El otro es contra fóbico, lo que significa que los Seis tomarán una posición desafiante contra cualquier cosa que encuentren amenazadora. La rebeldía y la agresión pueden ser el sello distintivo aquí.

Hay innumerables Leales notables. He aquí algunos de ellos: Sigmund Freud, Robert F. Kennedy, Malcolm X, Diana, Princesa de Gales, Bono de U2, Julia Roberts, Ellen Degeneres, Spike Lee, Krishnamurti, Edgar Hoover, George H.W. Bush, J.R.R. Tolkein, Melissa Etheridge, Bruce Springsteen, Mike Tyson, Woody Allen, Sally Field, David Letterman, Newt Gingrich, Jay Leno, Katie Holmes, Benn Affleck, Tom Hanks, Mel Gibson, Diane Keaton, Mark Wahlberg, Dustin Hoffman, Oliver Stone, Michael Moore, John Grisham, Prince Harry, Robert F. Kennedy, Mark Twain y Richard Nixon.

Los niveles de lealtad

Saludable

Confianza

Esta confianza es para uno mismo, pero también se extiende a los demás. Los Seis sanos tienen el equilibrio correcto, manteniendo su independencia y al mismo tiempo logrando una interdependencia cooperativa con los demás. Son capaces de colaborar con otros y trabajar juntos en armonía. Cuando los de Tipo Seis aprenden a creer en sí mismas, pueden actuar con coraje y positividad, convirtiéndola en una líder fabulosa. Ella también será ricamente auto expresiva.

Apelando por los demás

Cuando el Seis está completamente maduro y se recupera, puede ser un tipo muy entrañable y adorable. La gente reacciona fuertemente a ellos de una manera muy positiva y les tiene un afecto genuino, que es probable que reciban de vuelta en especie. Una vez que resuelven sus problemas de confianza, el de Tipo Seis saludable se mezcla con éxito con otros, lo que lleva a fructíferas amistades y alianzas.

Dedicación

Cuando el lealista sano encuentra un movimiento o un individuo en el que cree plenamente, no hay nadie más dedicado. Construirán comunidades, se sacrificarán por otros o por una causa mayor, y llevarán cooperación, seguridad y estabilidad dondequiera que vayan. Son decididos, confiables, dignos de confianza y responsables.

Neutral

Seguridad

En este nivel neutral, ocurre una especie de contracción y el Lealista tiene más bien una tendencia a jugar a lo seguro. Esto no siempre es algo terrible. En este punto de su desarrollo, los Seis invierten su energía en lo que parece probable que permanezca estable y seguro. Organizan y crean una estructura y miran a las autoridades que pueden prometer un sentido de continuidad. Nunca dejan de anticipar lo que puede salir mal e intentan establecer sistemas para evitar que ocurran tales problemas.

Indeciso

Si el Seis en modo neutro se siente confundido o si se le están haciendo demasiadas demandas, emitirá muchas señales contradictorias. Dejarán las cosas para más tarde y se volverán demasiado cautelosos, indecisos y evasivos. Serán cada vez más negativos a medida que sus niveles de ansiedad aumenten y los resultados sean impredecibles. Incluso pueden reaccionar de manera pasivo-agresiva.

Reactivo

El miedo se apodera de los Seis, aunque puede que no sean conscientes de ello. En cambio, culpan a otras personas por sus sentimientos incómodos, desquitándose con el "forastero", por ejemplo. Estarán a la defensiva a este nivel y serán muy sensibles a las amenazas, vigilando constantemente a los demás para averiguar si son amigos o enemigos. Pueden ser autoritarios y desconfiar de todo el mundo y sus maneras pueden llegar a ser beligerantes.

Insalubre

Pánico

El miedo toma el control en esta etapa poco saludable. Este sentimiento de inseguridad hace que los Seis entren en pánico y se vuelvan extremadamente volátiles. Buscan figuras de autoridad e instituciones cada vez más fuertes para alimentar sus propios sentimientos agudos de inferioridad e indefensión. Serán extremadamente críticos y difíciles de rodear.

Perseguido

Este sentimiento omnipresente de que otros están tratando de atraparlos puede hacer que los de Tipo Seis no saludables ataquen irracionalmente, lo que, en el peor de los casos, puede conducir a la violencia.

Histérico

Esto es lo más bajo que un Seis puede llegar. Es un nivel autodestructivo en el que se puede abusar del alcohol y las drogas. Es el reino de los Trastornos Paranoicos de la Personalidad e incluso podrían intentar quitarse la vida.

Las alas leales

Tipo Seis con cinco alas (6W5)

En su mayor parte, los de Tipo Seis con cinco alas son de tipo tradicional, conservadores en sus puntos de vista y deseosos de encajar en un grupo de confianza. La seguridad es lo más importante aquí. Aunque el deseo de los Seis de sentirse seguros está coloreado por la necesidad de los Cinco de analizar las cosas hasta sus componentes.

Cuando está bien equilibrado, el 6W5 es capaz de dejar ir la ansiedad. Esto los hace de buen humor, relajados y entrañables. Finalmente sienten que pueden confiar en la vida y, a su vez, esta es una persona en la que se puede confiar y en la que se puede confiar al cien por cien.

Es encantador tener el balanceado Tipo Seis con un ala Cinco como miembro de la familia. Poseedores de una confianza tranquila, serán un compañero maravilloso y una fuente de sabiduría. Podrá desarrollar un vínculo profundo con este tipo y las cinco alas agregará una percepción a su amistad duradera.

Pero a veces puede producirse un desequilibrio y la ansiedad puede volver a levantar su fea cabeza. Buscan una razón para este aumento de la tensión y si no es fácil de conseguir, ¡encontrarán a alguien a quien culpar!

Si los niveles de estrés aumentan, el mundo se convierte en un lugar cada vez más amenazador para el 6W5 y la paranoia puede empezar a aparecer. Pueden sentir que todos están dispuestos a conseguirlos y en este lugar de tensión desesperadamente incómodo, podrían buscar a alguien a quien acudir para su rescate.

Los de Tipo Seis quieren ser agradables y atractivas para los demás, pero Cinco no sabe realmente cómo lograrlo. Su atuendo tiende a no ser demasiado llamativo o llamativo.

Puede ser conveniente para los Leales con un ala de los Cinco encontrar un empleo que combine ser parte de un grupo con estar solo. Un guardabosques o un conductor de autobús podría ser un ejemplo de esto. Algunos se involucran en actividades de protección de riesgo, como la lucha contra incendios, y otros pueden buscar maneras de abogar por las personas menos privilegiadas.

El Tipo Seis con Siete alas (6W7)

El Tipo Seis con siete alas es mucho menos sometido que el Tipo Seis con cinco alas. Sus reacciones son más impulsivas y coloridas y es menos probable que analicen una situación, en vez de saltar con ambos pies. Sin embargo, la cautela de los Seis suele hacer retroceder la extravagancia de los Siete antes de que se salga de control.

Aquí hay un vaivén entre extravagancia y precaución que puede causar cierta volatilidad emocional.

En el mejor de los casos, el Lealista con siete alas es constante, tranquilo y deliberado. Cuando están en equilibrio, tanto la ansiedad de los Seis como la impulsividad de los Siete tienden a disminuir. Todavía les encanta divertirse con sus amigos, pero el deseo desesperado de seguridad se transforma en una fuerza interior. Son buenos padres o hermanos.

El 6W7 frecuentemente desarrolla un lado espiritual fuerte, experimentando un profundo sentido de pertenencia con el universo. Su fe es una gran fuente de consuelo para ellos.

Por supuesto, las cosas se pueden salir de control. Si el Tipo Seis con un ala de Siete se sale de control, la ansiedad y la inseguridad vuelven a salir a la luz. Aquí, saltarán de un estado emocional extremo al otro, buscando desesperadamente a alguien que les ayude y sintiendo una creciente desesperación.

En un estado más estresante, el 6W7 puede parecer pegajoso y desesperado, lo que ahuyenta a otras personas. Se meten en todo tipo de problemas a medida que se sienten cada vez más dependientes y tensos.

Esta variante de los Seis es a menudo físicamente atractiva y atractiva para el sexo opuesto. En cuanto al mundo del trabajo, pueden recurrir a profesiones divertidas que también tienen un elemento de seguridad inherente, como los dibujantes de dibujos animados o los críticos de cine.

Consejos para la persona Leal

1. La confianza es un problema para usted. Si eres honesto contigo mismo, lo más probable es que puedas identificar a algunas personas en tu vida en las que puedas confiar completamente. Aprecia a esta gente y mantenlos queridos. Hágales saber cuánto los aprecia, aunque esto podría hacer que se sienta vulnerable. Si usted genuinamente no tiene a nadie en su vida en quien usted sienta que puede confiar, haga un punto para encontrar a alguien, creyendo que hay personas dignas de confianza por ahí. Puede que tengas que dejar atrás tus miedos para hacerlo, pero el resultado final valdrá la pena.

2. El Tipo Seis a veces puede usar la proyección como un mecanismo de defensa, en otras palabras, atribuyendo a otros lo que no se puede aceptar en uno mismo. Esto no parece justo, ¿verdad? Ten cuidado con tu tendencia a recurrir a este comportamiento. No culpes a los demás por las cosas que usted mismo ha hecho o provocado de alguna manera. Se convierte en su peor enemigo cuando se vuelves negativo y dudoso consigo mismo, causándose más daño que a los demás.

3. Haga todo lo que pueda para calmar su ansiedad. Un paso clave podría ser aceptar que esto es parte de su naturaleza y también reconocer que hay más personas que sufren de ansiedad de lo que usted probablemente cree. Trate de relajarse. ¡Todo va a salir bien!

4. A otras personas les gustas más de lo que crees. ¡Eso es otra cosa por la que dejar de preocuparse!

5. Trate de no reaccionar de manera exagerada cuando esté bajo estrés. Esto implica manejar sus propios pensamientos de manera más efectiva y reconocer que la mayor parte de lo que le ha hecho perder el tiempo preocupándose nunca ha surgido. Los pensamientos temerosos no tienen otro propósito que debilitar su capacidad de actuar y mejorar las cosas.

Capítulo Ocho - El Entusiasta (Tipo 7)

También conocido como el Epicuro

Quince signos de que eres un entusiasta

1. ¡Usted es muy curioso y siempre está buscando nuevas experiencias para evitar que el aburrimiento se arrastre!

2. Es demasiado optimista y entusiasta, algo que otras personas a menudo encuentran "contagioso" y que les encanta estar cerca.

3. No almacena tanta tensión en su cuerpo como otros tipos y tiende a ser suelto y flexible. El desafío para ti es permanecer en tierra.

4. No está realmente preocupado por la imagen que proyecta y está más interesado en divertirse y hacer lo suyo.

5. Otras personas lo acusan de estar inquieto y pueden comentar que tiene problemas para adaptarse a una cosa.

6. Ve la vida como una aventura emocionante, con algo mejor siempre a la vuelta de la esquina.

7. Probablemente es extrovertido y un gran conocedor de las redes.

8. No niega nada - usted quiere experimentar todos los placeres que la vida tiene para ofrecer.

9. Busca distraerse de la negatividad interna en el mundo externo, por ejemplo, manteniéndose realmente ocupado y asegurándose de estar estimulado en todo momento.

10. Tiene una autoestima por encima de la media o alta, creyendo en sus puntos fuertes y en sus talentos.

11. Es versátil y a menudo puede tener múltiples talentos. Altamente práctico, puede participar en muchos proyectos a la vez.

12. Lo más probable es que sea inteligente con una mente ágil, pero no necesariamente estudioso o intelectual.

13. Puede tener una brillante coordinación mente-cuerpo y destreza manual.

14. Es naturalmente de buen humor y alegre, y normalmente no se toma demasiado en serio.

15. ¡Tiene un deseo general de vivir la vida al máximo!

¿Se reconoció a sí mismo en los signos anteriores? ¿Estaba orgulloso? Siga leyendo y descubre si este es su Tipo.

La visión general del entusiasta

Para el entusiasta, la vida está destinada a ser una gran y emocionante aventura de principio a fin. Esto hace que sea divertido estar con ellos y que la gente se sienta naturalmente atraída por su *alegría de vivir*. Siempre están mirando hacia el futuro y esperando algo mejor que está a la vuelta de la esquina.

La mayoría de los Siete son extrovertidos. Tienen toneladas de energía que les gusta gastar en todo tipo de formas, siendo multi talentosos y creativos. De hecho, son muy prácticos, con múltiples habilidades y pueden poseer un espíritu emprendedor. Si tienen un defecto en este sentido, es que a veces tienen dificultades para concentrarse. Además, tienen tantos intereses y tantas esperanzas en la "próxima gran cosa" que les puede resultar difícil decidirse por un solo proyecto y llevarlo a buen término. Sin embargo, serán expertos en promocionarse a sí mismos y a sus productos, negocios o servicios, y son personas que trabajan en red por naturaleza.

Los siete no creen en negarse a sí mismos y pueden ser buscadores compulsivos de placer. A veces usan esta actividad para distraerse de cualquier cosa negativa que pueda estar sucediendo en sus vidas. Esto puede conducir a una tendencia a la adicción: drogas, juegos de azar, etc.

El típico Entusiasta, o Epicuro, como también se le conoce, no suele carecer de confianza. Si bien esto es saludable, a veces puede girar hacia el egocentrismo o hacia una sensación inflada de derecho.

A los Siete no siempre les gusta enfrentarse a las duras realidades de la vida y a los problemas de otras personas, pero si huyen de enfrentarse a tales emociones, corren el riesgo de acumular problemas para sí mismos y sufrir ansiedad o depresión en el futuro.

Por supuesto, hubo un montón de famosos de Tipo Siete. Algunos de los que probablemente haya oído hablar son: El Dalai Lama, Mozart, John F. Kennedy, Richard Branson, Bette Midler, Goldie Hawn, Robin Williams, Galileo Galilei, Thomas Jefferson, Amelia Earhart, Kandinsky, Noel Coward, Joe Biden, Silvio Berlusconi, Suze Orman, Elton John, Fred Astaire, Joan Rivers, George Clooney, Jim Carrey, Leonardo DiCaprio, Cameron Diaz, Simon Cowell, Larry King, Howard Stern, David Duchovny, Robert Downey Junior, Brad Pitt, Cary Grant, Stephen Spielberg, Russell Brand, Miley Cyrus, Sacha Baron Cohen y Sarah Palin.

Los Niveles del Entusiasta

Saludable

Alegre

El Entusiasta en su nivel más alto es toda gratitud y aprecio por todo lo que tiene, incluyendo todos los placeres simples de la vida. Esta capacidad de asimilar las experiencias en profundidad conduce a una especie de éxtasis que bordea lo espiritual.

Entusiasta

¡Bueno, es su nombre! Este tipo extrovertido es de buen humor, vivo y espontáneo. Responden a todo de una manera excitante y entusiasta, encontrando incluso experiencias de vida "normales" bastante estimulantes.

Multitalentoso

Sus muchos dones los hacen exitosos y productivos - capaces de lograr en muchas áreas diferentes. Debido a su entusiasmo por una amplia gama de temas, a menudo pueden verse obligados a desarrollar una variedad de habilidades.

Neutral

Inquieto

Tantas opciones, tan poco tiempo - este podría ser el mantra del entusiasta promedio. Tienen miedo de perderse, lo que les dificulta elegir entre una opción y otra. El enfoque puede ser difícil de lograr ya que constantemente buscan nuevas aventuras. Pueden ser sofisticados en esta etapa de su madurez. Les gusta la variedad, mucho dinero y mantenerse al día con la última moda.

Hiperactivo

El miedo a aburrirse mantiene a los Siete en este nivel en constante movimiento. No saben lo que necesitan para sentirse satisfechos, así que se lanzan a una actividad perpetua. Actuarán, exagerarán y se comportarán de maneras cada vez más extravagantes. Les resultará difícil seguir adelante con sus ideas.

Consumidor

Nunca sienten que tienen suficiente. Consumen en exceso, ya sean compras, comida o drogas. Nunca están satisfechos, pase lo que pase, y esto puede llevarlos a ser exigentes y endurecidos.

Insalubre

Adicto

Los Siete no saludables no saben cuándo detenerse. No pueden controlar sus impulsos y están tan desesperados por calmar su ansiedad. Pueden hundirse en niveles de depravación y su comportamiento puede volverse abusivo y ofensivo.

Fuera de control

¡De mal en peor! En un intento desesperado por escapar, estos Sietes son incapaces de lidiar con la ansiedad adecuadamente y pueden caer en acciones erráticas o impulsivas.

Autodestructivo

El nivel más bajo posible para que los Siete se hundan. Probablemente han arruinado su salud en este momento y han renunciado a sí mismos y a la vida. Lo más probable es que estén profundamente deprimidos y que intenten suicidarse. Sus síntomas aquí no serían diferentes a los del trastorno bipolar.

Las alas entusiastas

Los siete con seis alas (7W6)

El sello distintivo de un Tipo Siete con seis alas es que son entusiastas y aventureros -como cabría esperar de un siete- pero con una buena dosis de responsabilidad en la mezcla. Suena como un buen equilibrio, ¿no? Todavía les encanta buscar nuevas experiencias, pero están mucho mejor capacitados para cumplir con sus compromisos anteriores.

Aunque todo esto suena perfecto, también hay una desventaja potencial: ¡un Miedo a Perderse (FOMO)! Los Siete con un ala de Seis realmente quieren honrar sus compromisos, pero ¿qué pasa si surge una maravillosa oportunidad de último minuto? Usted puede ver cómo esta variante del número Siete probablemente se sentirá desgarrada. Desean, sobre todo, sentirse felices y realizados y la manera en que los Siete lo hacen es encontrando alegría incluso en las experiencias más pequeñas. Pero los Siete con ala Seis podrían tener una tendencia a racionalizar los sentimientos negativos, convenciéndose inconscientemente de su propia felicidad cuando, de hecho, no es el caso.

Harán todo lo posible para evitar enojarse, incluso racionalizar y justificar el mal comportamiento de los demás, porque valoran la felicidad y el optimismo por encima de todo. Las relaciones son muy importantes para ellos, como lo es la búsqueda de placer en todos los niveles y este miedo permanente de perder oportunidades potenciales.

El Entusiasta con seis alas tiene muchos rasgos positivos. La inclinación es ser altamente productivo. También cooperan bien con los demás, ya sean compañeros de trabajo, clientes u otros colaboradores. Consiguen permanecer sensibles a los sentimientos de los demás, sin pasar por alto sus emociones en la búsqueda de sus propias metas y felicidad. Incluso cuando se enfrentan a una situación estresante, el optimismo de los Siete les ayudará a salir adelante y les permitirá mantenerse en forma. Son pensadores rápidos, pero no se limitan a considerar las cuestiones superficiales. Son capaces de profundizar y considerar las cuestiones de manera exhaustiva.

Pero, por supuesto, todos tenemos que lidiar con nuestros puntos ciegos y esta variante del Tipo Siete no es una excepción a esa regla. A diferencia del Tipo Siete "puro", el Siete con seis alas se preocupan profundamente por lo que otras personas piensan de ellos y es fácilmente afectado por sus opiniones. Esto puede hacer que duden de sí mismos y llevarlos a un sentimiento de ansiedad generalizada. Y la propensión de los Siete a aburrirse no desaparece. Pueden fácilmente inquietarse en un trabajo o en una relación y anhelar algo nuevo. Y cuando el estrés golpea, el Entusiasta con un ala Seis podría luchar con la organización y el enfoque.

Al tratar con un Entusiasta con esta ala, harás bien en mantenerte optimista y optimista y realmente escucharlos, tomando en serio todas sus ideas. Les encanta chatear de una manera fluida y alegre y también aprecian mucho el aliento y el apoyo. Este será especialmente el caso cuando estén expresando emociones difíciles, las cuales encuentran desafiantes.

Recuerde lo mucho que les dan energía las nuevas ideas y experiencias y cómo la creatividad les inspira. Les encanta conocer gente nueva e ir a lugares donde hay grandes reuniones de gente para conocer. Lleve su 7W6 a una fiesta o a un concierto. ¡Te amarán por ello!

En lo que no prosperan es en horarios o reglas excesivamente rígidas. No los golpees con negatividad y asegúrate de que los Siete con un ala de Seis en tu vida tengan suficiente compañía para mantenerlos contentos y energizados. Odian absolutamente la rutina y prosperan con muchas opciones interesantes, por no mencionar la libertad de tomar tales decisiones.

En resumen, el Entusiasta con seis alas es un tipo curioso y puede ser muy productivo en las circunstancias adecuadas. Aunque todavía buscan nuevas experiencias, son leales a sus amigos y familiares. Creativos y aventureros, también les encanta construir un sentido de comunidad. A veces se les conoce como "El Explorador".

Tipo Siete con Ocho alas (7W8)

Las ocho alas le dan dureza al Tipo Siete. También los inclina a estar más orientados al trabajo. Siguen siendo entusiastas - como el sello principal del Tipo Siete en El Eneagrama - pero tienen una determinación añadida.

En un sentido general, todavía existe el temor de perderse, pero esto se manifiesta más en el miedo a la privación que en el miedo a perderse la emoción. La búsqueda de nuevas oportunidades sigue siendo una alta prioridad, al igual que el rechazo a la rigidez y la programación. El deseo básico de los Siete de estar contentos y satisfechos es atenuado un poco por el ala Ocho y ahora puede describirse con mayor precisión como un deseo de estar satisfechos y contentos.

Aunque todavía les encanta estar en el mundo, ir a eventos donde hay mucha gente, como grandes fiestas y festivales y también viajar a lugares exóticos, el ala Ocho da una dimensión más proteccionista a las acciones de los Siete y se defienden justificando el mal comportamiento de los demás y racionalizando sus propios malos sentimientos.

El optimismo sigue siendo una prioridad para los Siete con Ocho, al igual que la gratificación personal. Siempre están en busca de nuevas oportunidades y consideran muy importante estar abiertos a nuevas experiencias. El miedo a perderse no desaparece con la presencia del ala Ocho. Todavía anhelan y adoran la compañía de otros humanos y justificarán las acciones negativas de tales humanos para evitar que se sientan mal.

Esta variante del ala Siete tiene muchos atributos. Ellos tienen un don para permanecer positivos, no importa lo que pase, y permanecer en esa importante mentalidad de alta energía. La confianza en sí mismos les llega fácilmente y a menudo tienen un carisma natural que atrae a otras personas como las abejas alrededor de un tarro de miel. Tampoco son violetas que se encogen, y son capaces de defenderse y afirmarse. Son un buen tipo para tener a su alrededor en una crisis, ya que tienen la capacidad de mantener la calma en situaciones en las que muchas personas están en pánico.

Como todo el mundo, sin embargo, el Entusiasta con ocho alas tienen debilidades que deben esforzarse por superar. Las ocho alas hacen que el encanto del número Siete sea un poco menos omnipresente. Debido a esto, los Siete con ocho alas pueden parecer bastante contundentes a veces. Pueden ofender a la gente sin darse cuenta o sin querer hacerlo. También pueden ser impacientes con las situaciones y las personas. El Entusiasta con ocho alas podría ser acusado de centrarse demasiado en su carrera y en detrimento de otros aspectos de sus vidas como sus relaciones. También pueden ser demasiado materialistas, olvidando lo que es verdaderamente importante en la vida. A pesar de todo esto, todavía podrían sufrir de la tendencia de Tipo Siete a tener dificultades para llevar a cabo los planes, una vez que el entusiasmo inicial haya desaparecido.

Cuando usted se está comunicando con esta alternativa al Tipo Siete, ellos realmente apreciarán que usted los escuche cuidadosamente. Esto se debe a que les encanta tener conversaciones y expresarse es muy importante para ellos. Les gusta que sus conversaciones tengan un propósito, no solo ir sin rumbo y su preferencia es mantener las cosas optimistas. Quieren ir directo al grano y al mismo tiempo tener la oportunidad de compartir cada uno de los pensamientos e ideas que están ocurriendo dentro de sus cabezas. Aprecian que la gente sea directa y honesta con ellos y cooperarán gustosamente para llegar a un compromiso si surge algún argumento.

Si tiene un Tipo Siete con ocho alas en su vida, nunca pierda de vista que les encantan las nuevas experiencias, especialmente las ocasiones divertidas como fiestas y celebraciones, conciertos y festivales y viajes a nuevos y lejanos destinos. ¡Las relaciones son una gran prioridad para ellos y se llevará mejor con su 7W6 si les permites ser el centro de atención de vez en cuando! Y aman mucho un buen objetivo que cumplir.

No corte su energía con reglas y límites rígidos. Odian, sobre todo, sentirse controlados. También prosperan con la compañía, así que ¿por qué no les das la tuya?

El Tipo Siete con ocho alas es a veces conocido como el Oportunista.

Consejos para el Entusiasta

1. Te encanta tener conversaciones y expresar todas tus variadas opiniones, pero sé honesto contigo mismo. ¿*Realmente* estás escuchando a aquellos con los que estás teniendo conversaciones?

La escucha activa es un arte que vale la pena cultivar. Piensa en todas las cosas nuevas e interesantes que descubrirás si realmente tomas en cuenta lo que otras personas te están diciendo. Incluso podría dar lugar a nuevas oportunidades. Y no siempre tiene que haber charla. El silencio es oro. No tenga miedo de colgar el teléfono o apagar el televisor. Hay beneficios reales y duraderos que se pueden obtener al no distraerse todo el tiempo y permanecer presente con sus pensamientos y emociones. Vivir con menos estimulación externa de esta manera, te ayudará a confiar en ti mismo. Usted podría incluso estar más satisfecho cuando empiece a hacer menos. ¿No suena eso como un gran alivio?

2. La vida es larga y no tiene que experimentarlo todo de una sola vez. ¡Imaginase tener todas las cenas que iba a comer en un solo día! No querría eso. Así, por ejemplo, ese tentador auto o pastel seguirá estando en la sala de exposición o en la tienda la semana que viene, e incluso puede que haya una alternativa mejor. Deje ir su miedo compulsivo de perder las oportunidades. Ellos vendrán de nuevo y usted podrá juzgar mejor cuáles son los que realmente son para usted.

3. Como un tipo Siete, le aconsejamos que observe sus impulsos en lugar de zambullirse de cabeza. No se rinda de inmediato, no importa cuánto quiera hacerlo. En vez de eso, aprenda a juzgar sobre cuáles son dignos de actuar. ¡No todos los impulsos son creados por igual! A medida que se vuelvas más observador y juzgues mejor todos sus diferentes impulsos, aprenderá cuáles valen su atención, tiempo y energía, y podrá empezar a vivir su vida de una manera más beneficiosa.

4. La experiencia no se trata solo de cantidad. También se trata de calidad. En otras palabras, unas pocas experiencias maravillosas y

profundamente sentidas pueden ser mejores que mil experiencias dispersas en las que realmente no te permites estar presente. Un buen consejo para los Siete es que se queden en el momento y presten atención a lo que están haciendo en el ahora, en lugar de anticipar constantemente experiencias potencialmente mejores. Este último no es el camino hacia la verdadera satisfacción.

5. Cuestione sus deseos. ¿Es lo que realmente quiere? Cuando usted considera las probables consecuencias a largo plazo de sus deseos actuales, ¿aún cree que está anhelando lo correcto para usted? ¿O solo conducirá a la decepción o incluso a la infelicidad a largo plazo? Practique el discernimiento en todo momento.

Capítulo Nueve - El Retador (Tipo 8)

También conocido como el Gobernante

Quince señales de que eres un Retador

1. Le gusta estar a cargo. ¿Y por qué nadie lo pondría a usted a cargo de las cosas?

2. Odia que lo controlen. De hecho, rara vez deja que esto le suceda y a cualquiera que lo intente se le encuentra con mucha actitud.

3. Otros podrían acusarlo de ser dominante.

4. Tienen la capacidad de trabajar muy duro para manifestar sus metas.

5. Es un excelente mentor y puede mostrar a los demás cómo lograr lo que ha logrado, nutriendo así a los líderes del futuro.

6. Puede aburrirse muy rápidamente. Esto también puede llevar a la impaciencia.

7. Puede parecer un poco feroz y otros pueden encontrarle intimidante a veces.

8. El enojo puede ser un problema para usted y está inclinado a perder los estribos con bastante facilidad. ¡Algunas personas encuentran esto aterrador!

9. Como el nombre de este tipo implica, le encanta aceptar un desafío y, de hecho, disfrutar de dar a otras personas desafíos también, ayudándoles así a lograr sus habilidades e incluso a superarse a sí mismos.

10. Tiene un carisma o magnetismo incorporado. Esto lo convierte en un líder eficaz, sin importar en qué esfera viva y trabaje. Puedes fácilmente persuadir a otros para que te sigan.

11. Tiene una gran energía y la utiliza -junto con su formidable fuerza de voluntad- para dejar su huella en la sociedad.

12. Valora mucho la independencia y no tiene miedo de estar solo, desafiando las convenciones sociales si es necesario.

13. Posee una firme determinación que otros encuentran asombrosa y, a veces, incluso desafiando la lógica.

14. Tiene una actitud poderosa de "puedo hacer" y tiende a ser extremadamente ingenioso. Realizas las cosas de una manera dominante.

15. Tiene mucho sentido común y esto puede beneficiar enormemente a quienes lo rodean

Entonces, ¿qué le parece? ¿Eres un Retador? Otras personas pueden ofrecer sus opiniones, pero solo usted lo sabe con seguridad.

Descripción general del Retador

El control está en el corazón de la personalidad del Retador. En su esencia, son totalmente reacios a ser controlados, ya sea por una persona o por las circunstancias. Es de suma importancia para un Ocho que sigan siendo los maestros de sus destinos y los capitanes de sus almas. La otra cara de la moneda es que se inclinan a ser dominantes. Esto, junto con su falta de voluntad de ser controlados, puede llevarlos a tratar de controlar a otros. Irónico, ¿no es así? Un Retador sano es capaz de mantener esta tendencia bajo control, pero es algo contra lo que siempre hay que estar atento, especialmente a medida que uno baja en la escala de madurez. Puede ser un problema recurrente en las relaciones interpersonales de un Ocho.

Los ochos llevan el concepto de ser de voluntad fuerte a nuevas alturas. Tienen la mente dura hasta el extremo y su enorme energía y naturaleza práctica les ayuda significativamente a salirse con la suya.

El Retador desea sacar el máximo provecho de la vida y esto a menudo puede extenderse a sus apetitos físicos. Se entregan a esos apetitos sin experimentar un atisbo de remordimiento malsano.

La independencia financiera es una prioridad masiva para el Retador. Él o ella puede tener dificultad para tener un jefe. ¡Después de todo, ellos saben más que nadie! Los desafíos tienden a beneficiarse de trabajar en un campo en el que pueden ser sus propios jefes. Bajo ciertas circunstancias, un Ocho puede sentir la necesidad de optar por no participar en la sociedad, encontrando otras formas de ganar libertad financiera, ya que por lo general se sienten incómodos con las jerarquías.

El Retador tiene un miedo profundo y duradero a sentirse vulnerable. Esto puede ser perjudicial para su capacidad de formar relaciones íntimas porque, obviamente, la intimidad requiere vulnerabilidad. ¡Hay que bajar las defensas! Por supuesto, esto implica dejar ir la necesidad de estar en control y la confianza es de la mayor importancia en este campo. La traición de cualquier tipo hará que el contrincante sea más rápido. ¡Ay de la persona que viole a un Ocho de esta manera!

Lo creas o no, Ocho puede ser sentimental. Lo esconden bien, incluso de los más cercanos, pero es verdad. Esto es una indicación de lo mucho que los Ocho temen ser vulnerables. Sin embargo, si consigues ganarte su confianza, tendrás a alguien que te apoye pase lo que pase. El Retador protege enormemente a los que están en su círculo íntimo, especialmente a sus familiares y amigos, y moverán montañas para mantener a estas personas.

Un gran talón de Aquiles para los Ocho es su ira. En los niveles más bajos de madurez, esta emoción puede salirse de control y convertirse en rabia. Tal agresión puede incluso convertirse en violencia y los ochos malsanos pueden ser intimidantes, despiadados e incluso peligrosos.

No es de extrañar que haya muchos de Tipo Ocho que hayan logrado notables hazañas de éxito en esta vida. Algunos ejemplos de esto incluyen: Winston Churchill, Oskar Schindler, Martin Luther King, Serena Williams, Barbara Walters, Toni Morrison, Frank Sinatra, Bette Davis, Paul Newman, Richard Wagner, Franklin D. Roosevelt, Fidel Castro, Lyndon Johnson, Golda Meir, Saddam Hussein, Donald Trump, Ernest Hemingway, James Brown, Queen Latifah, Aretha Franklin, Pink, Jack Black, Sean Connery, John Wayne, Mae West, Humphrey Bogart, Jack Black, Dr Phil, Roseanne Barr, Jack Nicholson, Tommy Lee Jones, Clint Eastwood, Lauren Bacall, Chrissie Hynde, Courtney Love, Pablo Picasso, Norman Mailer, Senador John McCain y, por último, Indira Gandhi.

Los niveles del Retador

Saludable

Heroísmo

A diferencia del Tipo Uno en el Eneagrama, el Tipo Ocho posee las cualidades de las que están hechos los héroes. Aquí existe el potencial para escalar alturas impresionantes y alcanzar la grandeza histórica. En la cima de su salud y madurez, un Ocho puede contener sus impulsos menores y convertirse en un individuo verdaderamente magnánimo, logrando un verdadero dominio de sí mismo. Al poseer un valor masivo, están dispuestos a enfrentar un peligro real para lograr su visión y hacer una verdadera diferencia.

Fuerte

Esta fuerza viene con una notable autoconfianza y autoafirmación. No tienen ningún problema en defender sus necesidades y deseos. Los Ocho en esta etapa saludable están llenos de empuje y pasión y nadie es más ingenioso que ellos. Una actitud de "puede hacer" es dominante en estos tipos.

Autoritario

El líder natural o comandante. Los Ocho serán los que no tengan miedo de tomar la iniciativa para hacer las cosas y hacerlas realidad. La toma de decisiones les resulta fácil, ya que rara vez dudan de su propio juicio. Son los campeones del pueblo. Ellos proveerán y protegerán y cargarán a aquellos que carecen de fuerza. Son verdaderamente honorables.

Neutral

Autosuficiente

Es de suma importancia para el Retador, en esta etapa de su desarrollo, que cuente con recursos adecuados, tanto financieros como de otro tipo. Para ello, serán profundamente pragmáticos y emprendedores. Serán la quintaesencia de los "distribuidores de ruedas", dispuestos a negar incluso sus propias necesidades emocionales mientras asumen cualquier riesgo necesario y ponen sus narices en la piedra de afilar.

Dominador

En este nivel no tan maduro, el Retador buscará doblegar la voluntad de los demás a la suya propia. No tienen reparos en imponer su visión a los demás. Dominando a otras personas, e igualmente a su entorno, los Ocho se convertirán en un "fanfarrón" y demasiado contundente. No aprecian a nadie que tenga la temeridad de cuestionar su palabra o sus decisiones y deben sentir que la gente está apoyando sus esfuerzos. Se vuelven egocéntricos en este punto y se olvidan de tratar a otros individuos con el respeto que quieren y merecen.

Intimidante

Las cosas van de mal en peor - para los Ocho y los que los rodean - a medida que bajamos más por la escalera de la madurez. Aquí es donde el Retador se convierte en algo más que un desafío: se vuelve adversario, beligerante y confrontativos. Se negarán a dar marcha atrás, incluso si sospechan secretamente que están equivocados. Esto equivaldría a perder la cara y no pueden permitir que eso ocurra. Amenazarán e impondrán castigos para extraer la obediencia de quienes los rodean, que en esta etapa se sienten cada vez más inseguros. Pero son sus peores enemigos, ya que su actitud y sus acciones pueden resultar contraproducentes, volviendo a la gente contra ellos y quizás incluso haciendo que se unan contra los Ocho.

Insalubre

Despiadado

En este nivel de desarrollo inmaduro, las cosas empiezan a ponerse bastante feas. Aquí los Ocho no se detendrán ante nada para salirse con la suya, incluyendo el comportamiento inmoral y la violencia. Si están en condiciones de salirse con la suya de ser dictatoriales, ¡ciertamente lo harán! Podrían recurrir a conductas delictivas, sin importarles si estafan a las personas. Desafiarán todos los intentos de controlarlos.

Delirante

¡Oh, Dios mío! En esta etapa de mala salud emocional, los Ocho pensarán que son invencibles. Sus travesuras ahora bordearán la megalomanía y la imprudencia extrema estará a la orden del día. Creen que son verdaderamente invulnerables

Venganza

"¡Nunca te rindas!" será su grito de guerra, pero no en el buen sentido. En lo más bajo de lo más bajo, el Retador destruirá todo y a todos los que no se rindan a su voluntad. Descenderán a todo tipo de conducta bárbara, incluso al asesinato. Estamos en el territorio de los sociópatas.

Las alas del Retador

El ocho con siete alas (8W7)

Una persona no se pone más dura que el Tipo Ocho con siete alas. Incluso pueden parecer duros, con rasgos amplios y ásperos y un físico enorme y musculoso. Y sus acciones bien podrían coincidir con su apariencia. Esto se debe a que el Retador con un ala de Siete tiene mucha energía poderosa corriendo a través de su sistema. La abrumadora personalidad de los Ocho tiende a dominar bastante y los valores están por encima de todo lo demás, incluyendo la necesidad de los Siete de ser el alma y el alma del partido.

Su modo de apariencia puede variar mucho. Cuando están de humor y las circunstancias son las correctas, pueden estar muy bien vestidos y "unidos". Pero otras veces, cuando están preocupados, puede que no les moleste en absoluto su aspecto.

Por supuesto, cada personalidad tiene la capacidad de brillar y el Ocho con Siete alas no es una excepción. Cuando están bien equilibrados, un 8W7 puede ser encantador y con tacto. Si tienen un sentido de autoconciencia, esto puede hacerlos menos agresivos y extremos en su conducta. Se dan cuenta de que el poder real viene de dentro y que no tienen que hacer una demostración de fuerza. Descubren la paciencia y aprenden a calmar sus impulsos más destructivos.

En su apogeo, el Retador con Siete alas elegirá la bondad en lugar de la argumentación. Imagínate un gigante gentil. Usarán su poder para el bien, siendo considerados y perceptivos en su trato con la gente. Se ponen en contacto con su intuición y esto les permite juzgar con precisión varias situaciones. El 8W7, altamente integrado, dispone de opciones que no son posibles en un nivel inferior.

Pero con lo bueno viene lo malo. El Retador con Siete alas es un peligro físico para los demás. Insensible, insociable, sin tener en cuenta las reglas que rigen una sociedad civilizada, el 8W7 se convierte en un personaje muy duro. Piensa, aquí, en el matón o matón por excelencia.

Con menos integración aún, esta variante de los Ocho se desatará violentamente. Él o ella será crítico, defensivo e intolerante. Su mantra es "matar o ser asesinado".

En términos de profesiones que se adaptan a este tipo de Ocho, pueden incluir cosas como capataz de construcción, general del ejército o boxeador. ¡Por supuesto, también pueden ser una madre que se queda en casa! Todo es posible.

El ocho con nueve alas (8W9)

La potencia física sigue siendo un gran componente cuando se trata del Retador con un ala Nueve. Pero el Tipo Nueve del Eneagrama tiene una cualidad pasiva que hace que esta personalidad en particular sea silenciosa pero agresiva cuando es provocada. Imagínate un oso, normálmente lento pero capaz de violencia repentina. Las erupciones de la ira son posibles. Normalmente se mueven lentamente, pero deben sentir que la situación está bajo control antes de poder relajarse.

Cuando está bien equilibrado, esta variante del Ocho es una alegría para estar cerca. Cuando está bien balanceada, esta variante de la Ocho es un placer estar cerca. Serán amables y gentiles y estarán en contacto con su guía interior. No sentirán la necesidad de dominar. Tampoco sentirán el impulso de retirarse. Ejercen su poder sabiamente, sabiendo cuándo es beneficioso para ellos y para otros hacerlo, y percibiendo cuándo no lo es.

En el nivel más alto, el 8W9 posee una benevolencia poderosa y tiene la capacidad de ser un gran líder o maestro. Son resistentes cuando es necesario y suaves cuando es lo que se requiere.

Pero cuando no es saludable, el Ocho con Nueve alas desarrolla un profundo conflicto en su interior y se vuelve impredecible y peligroso estar cerca de él. Cuando están en silencio, puedes estar seguro de que hay ira al acecho justo debajo de la superficie. Esto puede resultar en frecuentes explosiones de ira.

En el peor de los casos, pueden descender a un estado de aislamiento paranoico. Intrusión y usted podría ser atacado o asesinado por este ser antisocial que carece de compasión o conciencia.

El Retador con Nueve alas normalmente no se preocupará por su apariencia. Prefieren simplemente relajarse. Ellos prefieren trabajos que significan que no serán molestados en exceso por otras personas. Un camionero o un guardia nocturno podría ser un buen ejemplo. ¡Por supuesto, como con cualquier tipo, usted puede encontrarlos en cualquier lugar!

Consejos para el Retador

1. Es absolutamente cierto que usted valora su independencia y esto no es necesariamente algo malo. Sin embargo, la gente necesita gente, te guste o no y va a ser necesario que dejes entrar a otros. No es posible funcionar en este mundo como una isla y la gente no es tan prescindible como crees que es. Por ejemplo, es posible que necesite empleados que sean leales y en los que pueda confiar. Si los alienas, los perderás. Del mismo modo, en tu vida personal, estarás aislado y solo a menos que dejes entrar a la gente.

2. ¡Elija sus batallas sabiamente! No tienes que ganar cada batalla y cada argumento. Deja que otros se salgan con la suya de vez en cuando. No es verdadero poder "vencer" a otras personas todo el tiempo. Si sientes la necesidad de dominar, significa que tu ego está fuera de control y esto te llevará a un conflicto más insano. Evita esto.

3. Dese cuenta de sus verdaderos dones y capacidades, y use su poder para el bien. Conténgase si puede prever que sus acciones puedan dañar a otros. Su verdadero poder es motivar, elevar y mostrar a otros de lo que ellos también son capaces. De esta manera, usted puede ser de gran ayuda para los demás, quizás ayudándoles en una crisis. Esta es absolutamente la manera de inspirar la lealtad de la gente.

4. Otra palabra rápida sobre el poder: aquellos que se sienten atraídos hacia ti por tu poder y solo por eso, no tienen un afecto real hacia ti. Podrían estar usándote como tú los usas de nuevo. ¿Es así como quieres vivir tu vida?

5. La gente es más amable de lo que crees. Así que déjenlos entrar, sabiendo que esto es una señal de verdadera fuerza y no de debilidad. Cuando usted desconfía de los demás, ellos se darán cuenta de esto y no tendrán una disposición favorable hacia usted. En cambio, descubra en quién puede confiar y demuestre a estos leales amigos y colegas su aprecio y devoción.

Capítulo Diez - El Pacificador (Tipo 9)

Un mensaje corto del Autor:

¡Hey! Hemos llegado al capítulo final del audiolibro y espero que lo hayan disfrutado hasta ahora.

Si aún no lo has hecho, estaría muy agradecido si pudieras tomarte un minuto para dejar un comentario rápido de Audible, ¡incluso si se trata de una o dos frases!

Muchos lectores y oyentes no saben lo difíciles que son las críticas y lo mucho que ayudan a un autor.

Para ello, solo tienes que hacer clic en los 3 puntos de la esquina superior derecha de la pantalla dentro de la aplicación Audible y pulsar el botón "Calificar y Revisar".

A continuación, ir a la página de "Calificar y Revisar", donde podrá introducir su clasificación por estrellas y luego escribir una o dos frases.

¡Es así de simple!

Espero con interés leer su reseña, ya que yo personalmente leo cada una de ellas.

Estoy muy agradecido ya que su revisión realmente marca una diferencia para mí.

Ahora volvamos a la programación estipulada

Quince signos de que eres un pacificador

1. Su deseo más querido es evitar el conflicto a toda costa. Esto hace que algunas personas lo perciban como agradable y otros lo vean como demasiado pasivo.

2. Es un experto en ver todos los puntos de vista y cada lado del argumento.

3. Tiene dificultad para establecer límites personales firmes.

4. Es capaz de unir a las partes beligerantes y puede desempeñar un papel decisivo en la curación de los conflictos.

5. Puede tener una tendencia a sufrir de dolor en la parte baja de la espalda.

6. Tiene un interés activo en el lado espiritual de la vida.

7. Cuando está en una relación íntima, puede renunciar a su agenda para estar con su pareja. Tiende a fusionarse con su más cercano y

querido. Esto puede resultar en que descuides tus propias necesidades y deseos personales.

8. No le gusta tener que enfrentarse a los aspectos desagradables de la vida. A veces huye de ellos o vive en la negación.

9. Es probable que usted sea una persona introvertida.

10. Tus amigos lo describirán como una persona tranquila, confiable, tolerante y agradable.

11. Su inclinación es ver lo mejor de los demás y tener una visión optimista y confiada de la vida.

12. Probablemente encuentre gran alegría y consuelo en el mundo natural.

13. A veces puede sentirse incómodo con el cambio y esto puede hacer que sea conservador - ¡pero es más adaptable de lo que se cree!

14. Debido a que usted es tan modesto, algunas personas pueden cometer el error de darlo por sentado o pasar por alto las contribuciones a menudo significativas que usted hace.

15. Puede haber sido criado en un ambiente donde se le enseñó que el conflicto es malo y algo que debe ser evitado o negado.

¿Algo le suena familiar? ¿Más de una cosa? Entonces podrías ser un Pacificador.

Descripción general de Pacificador

Como su nombre lo indica, Tipo Nueve en El Eneagrama, el Pacificador, es un buscador de armonía en todas las áreas de la vida.

El conflicto es el enemigo en sí mismo, en lo que concierne a los Nueve, y lo evitarán como la plaga, si es que es posible. Esto puede ser un desafío porque, como todos sabemos, el conflicto es una parte integral de la vida y prácticamente imposible de evitar. Así que el Pacificador tiene que desarrollar estrategias para evitar estos enfrentamientos. Estos a menudo incluyen alguna forma de abstinencia. Esto significa que el Tipo Nueve es comúnmente un introvertido. Incluso si el Pacificador es particularmente social, ellos encontrarán maneras de alejarse de los conflictos potenciales que puedan surgir dentro de su círculo de amigos. Debido a esto, su hábito es ir con la corriente. Otros los ven como tolerantes y fáciles de llevar y, en consecuencia, fáciles de gustar.

El Pacificador tiene una visión positiva de la vida y de aquellos que los rodean. Se inclinan a dar a la gente el beneficio de la duda, asumiendo que son buenos hasta que se demuestre lo contrario. Son confiables - y también dignos de confianza - y ven el vaso medio lleno en lugar de medio vacío. Es común para ellos tener una fe incondicional -espiritual o de otro tipo- que las cosas siempre están funcionando para ellos.

Un deseo profundamente arraigado por los Nueve es un sentido de conexión. Sienten esta conexión tanto con sus semejantes como con el mundo natural. El Pacificador tiene una conexión genuina con la naturaleza y tendrá la sensación de estar en casa dondequiera que sea verde. Otra arena donde los Nueve se sienten como en casa es la paternidad. Este tipo es a menudo un excelente padre - cariñoso y atento.

El cambio a veces puede ser un desafío para los Tipo Nueve, haciendo que se sientan incómodos e incómodos. ¡Les gusta permanecer en sus zonas de confort! Esto puede traducirse en una actitud bastante conservadora hacia la vida. Cuando un Nueve no está tan bien desarrollado emocionalmente, puede sufrir una especie de inercia. Esto puede impedirles tomar las medidas necesarias para llevar a cabo los cambios necesarios. Pero cuando el cambio se manifiesta, el Pacificador puede sorprenderse a sí mismo con lo adaptables que son y cómo son, de hecho, más que capaces de ajustarse a sus nuevas circunstancias. También pueden encontrar que son más resistentes de lo que ellos mismos sospechaban.

A veces no se dan suficiente crédito y esto puede ser un gran problema en sus vidas. Debido a esta humildad innata y a su negativa a acaparar la atención, los Nueve podrían encontrarse a sí mismos dando por sentado que los demás no le prestan atención. El Pacificador casi puede sentir que la gente ni siquiera los ve. Esta falta de validación puede ser difícil de soportar y pueden sentirse invisibles. Es una verdadera lástima, ya que el Pacificador es capaz de hacer y frecuentemente hace contribuciones significativas a muchas situaciones. Esto podría manifestarse como una profunda tristeza de la que pocos son conscientes. O puede ser un enojo que se acumula en el interior y estalla de vez en cuando en un breve estallido de mal genio. O, alternativamente, puede revelarse en un comportamiento pasivo-agresivo.

Es característico de los de Tipo Nueve que no siempre tienen un sentido definido de sí mismos y de su propia identidad. ¡No saben realmente quiénes son! Esto solo se ve acentuado por su inclinación a casi fusionarse con sus seres queridos. Asumen virtualmente las características de las personas más cercanas a ellos a través de un proceso de identificación. Así que, si eres un Nueve y estás leyendo esto, ¡es posible que no te reconozcas a ti mismo!

Hubo muchos de Tipo Nueve famosos a lo largo de la historia y prominentes en nuestra sociedad hoy en día. Estos incluyen Reina Isabel II, Abraham Lincoln, Carl Jung, Walt Disney, Gloria Steinem, Audrey Hepburn, George Lucas, Princesa Grace of Monaco, Claude Monet, Dwight D. Eisenhower, Ronald Reagan, Joseph Campbell,

Gary Cooper, Carlos Santana, Tony Bennett, Sophia Loren, Whoopie Goldberg, Geena Davis, Lisa Kudrow, Woody Harrelson, Kevin Costner, Audrey Hepburn, Annette Bening, Jimmy Stewart, Janet Jackson, Ringo Starr, General Colin Powell, John F. Kennedy Jr, Gerald Forde, Norman Rockwell, Jim Henson y John Goodman.

Los Niveles del Pacificador

Saludable

Auto poseído

En su apogeo, los Nueve son una alegría estar cerca. Y es una alegría, de hecho, ¡ser uno de ellos! Se sienten enormemente satisfechos por todo lo que la vida les ha dado y, por lo tanto, están sumamente contentos. Se sienten totalmente presentes dentro de sí mismos. Esto hace que tengan un sentido de, no solo independencia, sino una intensa vitalidad. Son expertos en formar relaciones profundas con otros debido a este poderoso sentido de conexión.

Sereno

Esta serenidad se deriva a menudo de un profundo sentimiento de aceptación. Esto a su vez conduce a una enorme sensación de estabilidad. No dudan de sí mismos ni de los demás. La confianza total está a la orden del día. Hay una percepción de facilidad que aportan a todo lo que hacen, en gran medida porque son pacientes, de buen humor y desinteresados. No están tratando de ser algo que no son y son personas genuinamente encantadoras. Hay una simple inocencia y una falta de pretensión que hace que los Nueve profundamente receptivos y saludables sean un placer estar con ellos.

Solidario

El apoyo que el Pacificador presta a los demás conlleva una influencia sanadora y calmante. Son fantásticos para reunir a la gente y armonizar grupos dispares. Su optimismo tranquiliza a los demás. Todo lo anterior, junto con sus a menudo excelentes habilidades de comunicación, pueden hacer de los Nueve un maravilloso mediador.

Neutral

Autoeficacia

Este modo de conducta a menudo está diseñado para evitar conflictos en la medida de lo posible. No quieren sacudir el barco, por lo que, en consecuencia, tendrán que aguantar mucho. Pueden llegar a ser complacientes hasta el extremo y aceptar los deseos de los demás. Esto podría hacer que se pusieran de acuerdo para hacer cosas que realmente no quieren hacer. ¡Este no es un buen escenario para nadie involucrado!

Otra forma en que los Cinco podrían tratar de evitar sacudir el barco es adaptándose a los roles convencionales. No les gusta desafiar las expectativas de los demás. Un ejemplo de esto es una mujer que se convierte en esposa y madre. Luego, si regresa al trabajo cuando sus hijos sean mayores, podría dedicarse a una profesión tradicionalmente "femenina" como la enfermería o la peluquería. Este no es el tipo que comúnmente desafía los estereotipos.

Desconectado

Esta tendencia se debe a su deseo de evitar problemas y conflictos de cualquier tipo. Es posible que todavía estén participando en sus actividades normales, pero de alguna manera serán "retirados". ¡Podrías verlo en sus ojos! No están prestando la debida atención a propósito. ¡No reflexionarán sobre lo que está sucediendo porque simplemente no quieren hacerlo! Pueden volverse complacientes, soportando situaciones que no son necesariamente ideales pero que son demasiado difíciles de afrontar. Debido a esto, negarán los problemas y tendrán el impulso de "barrerlos bajo la alfombra". Construyen para sí mismos un mundo de fantasía reconfortante que es mucho más agradable que la realidad. El Pacificador puede desarrollar la indiferencia como un mecanismo de afrontamiento, ya que se niega a concentrarse en los problemas y a retroceder del mundo real hacia el olvido autoimpuesto.

Resignado

Esta renuncia es en un intento de tener paz a cualquier precio. Una especie de fatalismo se cuela en la atmósfera. ¿Por qué molestarse en tratar de cambiar algo cuando de todos modos no funcionará? Pueden ser muy tercos en esta postura, causando que los que los rodean se molesten y se frustren con ellos mientras luchan por obtener una respuesta significativa o hacer que las cosas sucedan. Pueden disfrutar de ilusiones e imaginar todo tipo de posibles soluciones mágicas. Apaciguarán a otros para evitar problemas, incluso cuando esta no sea la solución más saludable.

Insalubre

Represión

La propensión para retenerlo todo se vuelve cada vez más insana. Hace que los Nueve sean incapaces de enfrentarse a los problemas, ya que se disocian de todos los conflictos. No puede actualizarse completamente en estas circunstancias y el Pacificador permanece en un estado subdesarrollado. Esto puede constituir un peligro para quienes los rodean, ya que su conducta aquí puede ser negligente.

Disociación

En este punto, el Pacificador se disocia de la vida hasta tal punto que apenas puede funcionar. Una especie de entumecimiento se instala, mientras que ellos bloquean la conciencia de cualquier cosa que pueda molestarlos.

Catatónico

En este punto más bajo, los Nueve se encontrarán realmente desorientados, convirtiéndose aparentemente en nada más que un cascarón de sus antiguos yoes. Pueden surgir condiciones psicológicas, como trastornos esquizoides y de personalidad dependiente. Múltiples personalidades también son posibles.

Las alas del Pacificador

Tipo Nueve con una sola ala (9W1)

¡El Tipo Nueve con un ala es muy débil! La influencia de los Nueve permanecerá mayormente dominante, lo cual resultará en la intelectualidad del filtrado, pero no estará sujeto a una gran cantidad de pruebas de la realidad. Esto puede hacer que los Nueve con un ala desarrollen un conjunto de creencias que podrían parecer un poco extrañas para los demás. Pueden ser muy supersticiosos y "hadas airosas". ¡El Pacificador con un ala en realidad puede hacer que esto funcione para ellos!

El 9W1 es refinado y posee una forma de elegancia. En cuanto al estilo de vestir, se esforzarán por ser lo más discretos posible, eligiendo ropa que les permita encajar y hacerse lo más invisibles posible. La moda dominante está a la orden del día, ¡sin declaraciones extravagantes! Sin embargo, tienen un deseo de ser perfectos, debido a su ala Única, por lo que es probable que su atuendo sea limpio y ordenado.

¡No son los adictos al trabajo del Eneagrama y pueden ser partidarios de una agradable siesta por la tarde!

Cuando está en un estado mental saludable, una sola ala le da al tipo Nueve más presencia. ¡La luz está encendida y alguien está en casa! Los resultados concretos son más probables cuando el ala Uno ejerce su influencia. El Pacificador se volverá más ambicioso, pero no será presa de tanto perfeccionismo como el Tipo Uno en su estado puro. Por sus esfuerzos, esta variante del Tipo Nueve puede afectar a otros de una manera positiva y útil. Sin embargo, esto se hace de una manera sutil, no llamativa y el mundo en general podría no ser consciente de lo que los Nueve han hecho.

En un nivel psicológico avanzado, los de Tipo Nueve con una sola ala encuentran gran felicidad y satisfacción en el trabajo que hacen, empoderando y enseñando a otras personas. Ya no sienten la necesidad de retirarse e involucrarse de manera significativa en el mundo. Sus sueños se hacen realidad por fin y otros sienten el pleno beneficio de su poder auto actualizado.

En un estado no tan saludable, los Nueve con el ala Uno tenderán a retirarse de una manera típica de los Nueve y se volverán más críticos de sí mismos y de los demás de una manera típica de los Nueve. Pueden retirarse a un mundo de fantasía confortable y se desilusionan inevitablemente cuando sus interacciones en la vida real no están a la altura de sus fantasías.

Cuando el mal empeora, se molestan más con las discrepancias entre su mundo de fantasía interior y la realidad exterior. Enfrentan este escenario aislándose a sí mismos. En el peor de los casos, pueden llegar a ser psicóticos, donde apenas están presentes en un cuerpo que gradualmente se va a la ruina.

Sería muy típico para un Pacificador con una sola ala encontrar un trabajo que les permita usar su mente, pero no necesariamente de una manera muy exigente. Algunos ejemplos podrían ser los astrólogos, titiriteros y modistas.

El Tipo Nueve con un ala Ocho (9W8)

Estas personas son la sal de la tierra. El Pacificador con un ala Ocho puede parecer un poco áspero, pero igual de tierno, más bien como un cachorro torpe y de gran tamaño, ansioso por la felicidad. La inclinación es hacia la suavidad y la falta de sofisticación. Los Ocho prestarán a los Nueve un poco más de impulsividad y fuerza de lo que normalmente tendrían, pero retrocederán ante demasiada resistencia. El Nueve con Ocho alas no está demasiado ansioso por estar a la altura de todos los desafíos.

Cuando un Nueve con Ocho alas comienza a auto actualizarse, él o ella usará su energía y expansividad para salir de la pasividad. Entonces serán generosos, poderosos y benévolos.

Cuando se actualiza completamente, el Pacificador es una presencia verdaderamente edificante en el mundo. Son generosos, humildes y genuinamente buenos. Estar en su esfera de influencia es inspirador. No hacen nada, como tal. Son solo sus maravillosos yoes.

¡Pero no todo es arcoíris y unicornios! En un estado de estrés, los Nueve con Ocho alas pueden ser paranoicos y volverse casi ermitaños como en su existencia. Serán vagos y desconfiados.

En su nivel más bajo absoluto, la evasión se vuelve primordial ya que el 9W8 rechaza toda interacción humana. Es una especie de estado semi-comatoso y las persuasiones paranoicas empeoran.

En términos de apariencia física, el Nueve con Ocho alas es a menudo grande y frecuentemente fuerte. Rara vez se los verá con ropa llamativa y se esforzarán por la normalidad.

Consejos para el Pacificador

1. La conciencia del cuerpo es muy importante para los Nueve. El ejercicio ayudará enormemente aquí. Le permitirá descargar la agresión y le enseñará a concentrarse y enfocar su atención. Usted será más consciente de sus sentimientos y se beneficiará en términos de autodisciplina.

2. La ira reprimida causa daño, tanto a su salud física como emocional. Todo el mundo tiene emociones negativas, incluso tú. Cuando no lo reconoces, puedes perturbar la armonía que tanto anhelas en tus relaciones. ¡Es mucho más saludable para usted ser honesto acerca de sus sentimientos - tanto consigo mismo como con sus seres queridos - y sacar los asuntos a la luz, ventilarlos completamente!

3. Le resulta muy difícil examinar el dolor. Pero mirar honestamente por qué una relación ha ido mal, e incluso peor, admitir que posiblemente ha contribuido a este problema, es necesario, tanto para su tranquilidad como para asegurar que tal situación no se repita. Así es como se crean las relaciones genuinas.

4. Si es posible ser *demasiado* amable, entonces, como Tipo Nueve, podría decirse que es el tipo más probable en el Eneagrama para caer en esta trampa. No solo es malo por su propio bien estar constantemente de acuerdo con las necesidades de otras personas, especialmente con sus seres queridos, sino que también es malo para la otra persona y para la relación en su totalidad. Mantener la paz a veces puede tener un precio muy alto. Tiene que ser usted mismo para tener una relación exitosa y genuina. Solo cuando eres

completamente honesto sobre tus propias necesidades puedes estar realmente ahí para la otra persona.

5. Soñar despierto no es un malo. Sin embargo, cuando se usa demasiado como un medio para desconectarse del mundo que lo rodea, esto no es tan saludable. Usted debe tratar de comprometerse con la gente y participar de manera significativa en la sociedad.

Conclusión

Así que, llegamos al final de este libro. ¿Lo has leído todo? ¿O simplemente te has saltado a tu tipo o al tipo que *crees que* eres? De cualquier manera, está bien. Este libro puede ser tomado como un todo o sumergido dentro y fuera de él, según lo desee el lector. ¡El enfoque que usted tome puede depender de su tipo! Un meticuloso puede leer cada frase detenidamente de principio a fin, mientras que un Siete impulsivo puede saltar a las "partes buenas". Realmente no importa, ya que este libro está escrito para todos y cada uno de los tipos del Eneagrama.

El objetivo de este libro es darle una comprensión completa del Eneagrama - la teoría detrás de él, sus orígenes, cómo funciona y cómo puede funcionar para usted. Usted puede ser guiado por lo que sus amigos y seres queridos han comentado sobre usted y su personalidad a través de los años o mejor aún, puede ser guiado por su propio conocimiento de sí mismo. Lo mejor de todo es que usted puede ser guiado por su propio sistema de guía interna. Cualquiera que sea el caso, este libro tiene la capacidad de añadir a tu autoconocimiento y a tu autoconciencia. Depende de ustedes tomarla en cuenta y aplicarla a su propia vida. ¡Recuerde, el conocimiento es poder! No sobre los demás, sino sobre uno mismo. El autodominio es clave y conocerse a sí mismo es de suma importancia. ¡Aplicar este conocimiento es oro!

Hemos tratado mucho en los capítulos anteriores. En la introducción, aprendimos los orígenes de la palabra “eneagrama” y los nombres de los pioneros en el campo, ideando la metodología y desarrollando la teoría en el eneagrama que conocemos hoy en día. Por supuesto, muchos otros que no fueron nombrados a lo largo de estas páginas también han hecho contribuciones importantes.

El Eneagrama es una mezcla compleja y útil de la sabiduría de nuestros predecesores y de los conocimientos de la psicología moderna. Como tal, puede prestar una comprensión profunda del yo, aumentando lo que ya hemos aprendido a lo largo de nuestras experiencias de vida. Puede ser usado para`el crecimiento personal, para añadir profundidad espiritual, para trabajar con quienes somos compatibles y para entender a nuestros amigos cercanos y miembros de la familia en mayor profundidad. También podemos utilizarlo en el área de nuestras carreras. ¡Así que por eso nuestro jefe se comporta de la manera que lo hace! ¡O por qué ese compañero de trabajo a veces puede parecer tan extraño! Con la perspicacia y la comprensión viene la compasión y, con suerte, menos conflicto también.

Este libro lo ayudará a entender los aspectos positivos y negativos de cada tipo, tanto los tuyos como los de todas las personas que te rodean. Mejor comprensión en todos los aspectos.

El Capítulo Uno nos enseñó sobre el símbolo que representa el Eneagrama, cómo se construye a partir de tres formas separadas que se juntan para formar un todo. Tenemos el círculo, que representa la totalidad de la vida, el triángulo, que representa la "magia" número tres y el Hexad, una forma inusual e irregular, tomada de la tradición sufí, que representa la ley de siete y la ley de octava.

Dentro de la forma están colocados los números del Uno al Nueve que ahora conocemos como los nueve Tipos del Eneagrama y las líneas en el símbolo demuestran las conexiones entre los diferentes tipos.

Hemos aprendido además que el Eneagrama no es un instrumento contundente, sino una herramienta exacta que debe ser manejada sutilmente. Por consiguiente, cada persona no está hecha de un solo tipo de personalidad. ¡El Eneagrama te da alas! Descubres tu vela mirando los números a ambos lados de la tuya y averiguando por ti mismo cuál de ellos se alinea más contigo y con tu personaje único.

Entonces descubrimos que el Eneagrama y su símbolo están estructurados en tres tríadas separadas y que cada tríada contiene una emoción diferente: Uno, Ocho y Nueve son gobernantes del instinto, Dos, Tres y Cuatro están en el centro del sentimiento, y Cinco, Seis y Siete están en la tríada del pensamiento.

Usted habrá notado cómo todos y cada uno de los capítulos comienzan con una práctica lista de comprobación, que le permite a usted, el lector, averiguar lo más rápido posible quién es usted exactamente o, al menos, orientarlo en la dirección correcta. Piense en estas listas de verificación como carteles que le indican el destino correcto.

Habrá aprendido que cuando se trata del Eneagrama, es más probable que sea la naturaleza que la crianza la que tenga la clave. Un Tipo parece nacer en lugar de hacerse y a pesar de los muchos y variados cambios que ocurren en nuestras vidas, nuestro tipo básico permanecerá sin cambios, como una constante en la que se puede confiar. Y fundamentalmente, ningún tipo es el "mejor" tipo. Todos podemos esforzarnos por ser la versión más maravillosa de nosotros mismos.

A lo largo de nuestro viaje de descubrimiento sobre el Eneagrama, también nos enteramos de los niveles. En otras palabras, que hay tres niveles básicos de desarrollo en este sistema: saludable, medio o neutro e insalubre. Por lo tanto, un Uno saludable, por ejemplo, puede parecer una criatura totalmente diferente, y de hecho de tipo, que un Uno no saludable. Cada nivel está, a su vez, dividido en subniveles, en orden descendente o ascendente, dependiendo de cómo se mire. Otro ejemplo de la sutileza del Eneagrama. Saber simplemente de qué tipo eres es no saber toda la historia.

Puede ser útil darle un breve resumen de los nueve tipos diferentes y las características básicas de cada uno de ellos. Así que, en orden numérico y no en orden de importancia, les doy el Eneagrama:

1. El Tipo Uno es conocido como el Reformador o el Perfeccionista y, como siempre, estos nombres revelan mucho. El Reformador valora los principios y la integridad por encima de todo y su principal motivación es ser correcto y bueno. Se esfuerzan por alcanzar la perfección en todo momento y tratan de mantener el autocontrol. La calidad es de suma importancia y el Uno apreciará la estructura y los estándares.
El reformador o perfeccionista tiene muchas cualidades que ofrecer, como la dignidad, el discernimiento, la tolerancia, la serenidad y la aceptación. Sus lados oscuros, sin embargo, significan que pueden ser muy críticos consigo mismos y con los demás, pedantes, inflexibles y críticos.

2. El Tipo Dos es el Ayudante. Su modus operandi debe ser apreciado y apreciado. Valoran sus relaciones por encima de todo lo demás y serán generosos, amables y abnegados con este fin. A ellos les encantaría hacer del mundo un lugar mejor y tratar de hacer esto genuinamente, dando atención y apoyo amorosos a aquellos que les importan. Ellos brillan cuando se trata de ser incondicionalmente comprensivos. También son seres humildes, capaces de practicar el autocuidado saludable. En el lado no tan positivo, pueden ser manipuladores y halagadores en su modo de dar mientras se esfuerzan por recuperar lo que han dado.

3. El Triunfador, que es Tipo Tres, ¡quiere ser el mejor! Entre sus prioridades se encuentran los resultados, la eficiencia, la imagen y el reconocimiento. Son capaces de ser flexibles para lograr sus objetivos. ¡Lo que sea por el éxito! En su mejor momento, El Triunfador ofrece esperanza e integridad a quienes lo rodean. También tienen principios, son trabajadores y receptivos. En el peor de los casos, pueden parecer inconstantes y engreídos. Esto se debe a que su sentido de sí mismos se basa erróneamente en lo que hacen en lugar de en lo que son.

4. El Tipo Cuatro, el Individualista, es impulsado por su intensa necesidad de expresar autenticidad y unicidad. El individualista,

como su nombre indica, es muy valorado, al igual que la autoexpresión, los sentimientos y el propósito. Son almas románticas y la belleza será muy importante para ellas, como lo es el significado. Lo mejor de los Cuatro es la autenticidad y la ecuanimidad, la sensibilidad y la satisfacción. El lado de sombra del Individualista muestra a alguien que es melancólico, temperamental y se cree incomprendido.

5. El Tipo Cinco, el Investigador, está profundamente motivado para conocer y comprender. Les encanta dar sentido al mundo que les rodea, valorando el conocimiento y la objetividad. La privacidad y la independencia son prioridades para este tipo de personas y, en el mejor de los casos, son conscientes e incluso visionarias. Pero el Cinco más oscuro es arrogante, tacaño y desconectado de sus emociones.

6. Tipo Seis, los Leales, son muy grandes en pertenencia y seguridad y su constante impulso es estar seguros y bien preparados. Como su nombre lo indica, valoran la lealtad y la confianza y son de tipo responsable. El Seis sano es valiente y devoto y posee un sentido de conocimiento interior. Cuando no están sanos, pueden dudar, sospechar o estar ansiosos y pueden temer defensas bajas y preocuparse hasta un nivel excesivo.

7. Tipo Siete, o el Entusiasta quiere experimentar todo lo que la vida tiene para ofrecer, evitando el dolor en el proceso. Valoran la libertad y son optimistas e inspirados. La vida es una gran aventura para el Entusiasta con muchas oportunidades en el camino para jugar y ser espontáneo. En el mejor de los casos, están serenos y contentos. En el peor de los casos, pueden distraerse fácilmente, perder la concentración, ser impulsivos y no comprometerse.

8. Al Tipo Ocho, el Retador, solo le gusta actuar desde un lugar de fuerza y le disgusta mostrar sus debilidades. El control es muy importante para ellos y desean tener un impacto a su manera directa. Les encantan los desafíos y protegerán a aquellos que perciben como

más vulnerables que ellos mismos. A un nivel saludable, son cuidadosos, fuertes y accesibles. Cuando no son saludables, pueden ser agresivos y dominantes.

9. El Tipo Nueve, o el Pacificador, no quiere nada más que estar en armonía con el mundo. Ellos le dan gran importancia a ser complacientes y aceptantes. Aman la paz y la estabilidad mientras odian los conflictos. En su mejor momento, son vibrantes y conscientes de sí mismos. En el peor de los casos, pueden ser tercos e inclinados a postergar.

Así que espero que la información proporcionada en este libro y la forma en que ha sido presentada le sea de utilidad. Se han cubierto y ampliado los aspectos básicos, y se ha proporcionado una guía completa y esperanzadora. Espero que haya logrado identificar su tipo de personalidad y ganar autoconocimiento en el proceso. Ahora debe tener todas las herramientas a su disposición.

Le deseo la mejor de las suertes en su viaje del Eneagrama y, de hecho, en su viaje a lo largo de la vida. Si hay algo que me encantaría que le quitaras a este libro, es esto: que no hay tal cosa como un tipo bueno o malo. Cada tipo de personalidad abarca todos los aspectos y ningún tipo es mejor que otro. Al examinar nuestro tipo y los diferentes niveles, mi esperanza para todos nosotros es que nos esforcemos por alcanzar la cima de la salud y la madurez, sabiendo que estamos destinados a lo mejor.

CPSIA information can be obtained
at www.ICGtesting.com
Printed in the USA
LVHW082308310120
645552LV00005B/142

9 781952 083150